LEGO NINJAGO

Masters of Spinjitzu

レゴ® ニンジャゴー

キャラクター大事典《だいじてん》

クレア・シピ著《ちょ》

目次《もくじ》

ニンジャ VS《ブイエス》 マスター・チェンとアナコンドライ軍《ぐん》

ニンジャ VS《ブイエス》 ゴースト・ニンジャ

ニンジャ VS《ブイエス》 天空《てんくう》の海賊《かいぞく》

クリエーターに聞《き》いてみよう！

ようこそ、ニンジャゴーへ

『レゴ®ニンジャゴー』の世界《せかい》は、冒険《ぼうけん》と危険《きけん》と戦《たたか》いにみちている。ホネホネ・アーミーや、魔神《まじん》ナダカーンと彼《かれ》がひきいる天空《てんくう》の海賊《かいぞく》など、この世《せ》界《かい》を支配《しはい》しようとする手《て》ごわい強敵《きょうてき》たちがいっぱいだ。立《た》ちむかうのは、カイ、コール、ジェイ、ゼンの4人《にん》のニンジャ、そして伝説《でんせつ》のグリーン・ニンジャ、ロイドだ。おっと、まだいるぞ！　新《あら》たなニンジャがくわわった――ニャーだ！　ニンジャたちは、とても強力《きょうりょく》なエレメント・パワーや武器《ぶき》を使《つか》って悪者《わるもの》と戦《たたか》うんだ。さらに、ウー先生《せんせい》やミサコ、ローニンなどパワフルななかまたちもいるぞ。友《とも》だちがいないと、冒険《ぼうけん》もつまらないからね。さあみんなで、ニンジャゴー！

このミニフィギュアのくわしい説明《せつめい》は194ページを見《み》てね

この本《ほん》について

この本《ほん》は、2016年《ねん》3月《がつ》までに発売《はつばい》された『レゴ®ニンジャゴー』のミニフィギュアを解説《かいせつ》したものです。テレビ・シリーズ『レゴ®ニンジャゴー』のパイロット・シーズンから2016年《ねん》放送《ほうそう》のシーズン6まで、各《かく》シーズンを順番《じゅんばん》にのせることで、テレビ番組《ばんぐみ》のニンジャたちの冒険《ぼうけん》をたどっていきます。各章《かくしょう》で、登場《とうじょう》したミニフィギュアをくわしく解説《かいせつ》しています。それぞれのキャラクターのすき／きらい、武器《ぶき》やメカなど、すべてがこの1冊《さつ》に！　それぞれのバージョンのミニフィギュアが入《はい》っているレゴ®ブロックのセットもわかります。

データずきなファンのために、2016年《ねん》3月《がつ》までの『レゴ®ニンジャゴー』のセットのリストが、本《ほん》のさいごにのっているぞ！

ニンジャゴーの世界《せかい》の歴史《れきし》

はるか昔《むかし》、初代《しょだい》スピン術《じゅつ》マスターは、4つのゴールドの武器《ぶき》でニンジャゴー・アイランドをつくりだした。そしてふたりの息子《むすこ》であるウーとガーマドンに、武器《ぶき》が持《も》つパワーについて伝《つた》えた。ゴールドの武器《ぶき》はパワーが強《つよ》すぎるため、ひとりが4つを一度《いちど》に使《つか》うことはできない。武器《ぶき》をあやつろうとする邪悪《じゃあく》なやつらに注意《ちゅうい》せよと、マスターは息子《むすこ》たちにつげた。

初代《しょだい》スピン術《じゅつ》マスターがなくなった後《あと》、ふたりの息子《むすこ》はゴールドの武器《ぶき》を守《まも》ることをちかうが、ガーマドンは悪《あく》の道《みち》へと走《はし》ってしまう。彼《かれ》は、武器《ぶき》をうばおうとしてウーと戦《たたか》うが、負《ま》けて闇《やみ》の世界《せかい》へとすがたを消《け》す。その後《ご》、ウーは武器《ぶき》をかくし、わかいニンジャ数人《すうにん》を訓練《くんれん》しはじめた。平和《へいわ》がおとずれたかにみえたが、やがてブラック・ガーマドンが闇《やみ》の世界《せかい》からもどってきた。しかし、ニンジャたちにたおされると、ガーマドンはよい心《こころ》を取《と》りもどし、味方《みかた》となる。ただし、闇《やみ》のパワーは消《き》えたわけではなかった。ニンジャゴーの世界《せかい》の平和《へいわ》を守《まも》るため、ニンジャたちは多《おお》くの悪《あく》との戦《たたか》いにいどむこととなる。

ニンジャゴーの世界最古《せかいさいこ》の敵《てき》であるオーバー卿《きょう》は、ワルワル・サムライや、ニンドロイドをひきいてニンジャたちをたおそうとする。

まめ知識《ちしき》

ニンジャゴーの世界《せかい》には、炎《ほのお》、アイス、大地《だいち》、イナズマという、4つのエレメント・パワーがある。それぞれのパワーがゴールドの武《ぶ》器《き》である炎《ほのお》の剣《けん》、アイス手裏剣《しゅりけん》、大地《だいち》のカマ、イナズマ・ヌンチャクと対応《たいおう》しているんだよ。

スピン術《じゅつ》

スピン術《じゅつ》を身《み》につけると超高速《ちょうこうそく》で回転《かいてん》し、強力《きょうりょく》なエネルギーのたつまきとなる。スピン術《じゅつ》マスターはそれぞれのエレメント・パワーをあやつる。この技《わざ》をマスターしたニンジャが次《つぎ》に目指《めざ》すのはエアー術《じゅつ》マスターだ！

ニンジャゴー・アイランドの地図《ちず》

ウー先生《せんせい》は、武器《ぶき》をかくした場所《ばしょ》をしめすために地図《ちず》をつくった。武器《ぶき》はニンジャたちが安全《あんぜん》に守《まも》っており、悪党《あくとう》どもとの戦《たたか》いのときに使《つか》われる。

ニンジャVS《ブイエス》ホネホネ・アーミー

『レゴ®ニンジャゴー』のパイロット・シーズンには、ブラック・ガーマドンが登場《とうじょう》する。ウー先生《せんせい》は4人《にん》のニンジャを訓練《くんれん》して、邪悪《じゃあく》な兄《あに》と戦《たたか》おうとする。しかし、ガーマドンは強力《きょうりょく》なホネホネ・アーミーを引《ひ》きつれているぞ。このパイロット・シーズンに命《いのち》をふきこむのは、16種類《しゅるい》の楽《たの》しいレゴ®ブロックのセット。さあ、ページをめくってさらにくわしくなろう！

ウー先生《せんせい》

スピン術《じゅつ》マスター

ウー先生《せんせい》のあごひげと口《くち》ひげは取《と》りはずしができる
金色《きんいろ》の文字《もじ》のふしぎな力《ちから》が、ウー先《せん》生《せい》を悪《あく》から守《まも》る

ニンジャ・ファイル

すき：お茶《ちゃ》を飲《の》むこと
きらい：邪悪《じゃあく》な兄弟《きょうだい》がかんしゃくをおこすこと
なかよし：新《あたら》しい弟子《でし》
敵《てき》：ブラック・ガーマドン
特技《とくぎ》：智恵《ちえ》
武器《ぶき》："ボウ（棒《ぼう》）" という杖《つえ》

セット名《めい》：ウー先生《せんせい》、ファイヤー神殿《しんでん》、ライトニング・ドラゴン・バトル
セット番号《ばんごう》：2255、2507、2521
発売年《はつばいねん》：2011年《ねん》

兄《あに》と弟《おとうと》

ウー先生《せんせい》とその兄《あに》、ブラック・ガーマドンは、父親《ちちおや》である初代《しょだい》スピン術《じゅつ》マスターのもとで修行《しゅぎょう》をした。しかし、ガーマドンはそのパワーを悪《あく》のために使《つか》い、人《ひと》びとを守《まも》るために技《わざ》を使《つか》うことをねがった父親《ちちおや》の思《おも》いは、ウーがつぐことになった。

ウー先生《せんせい》はニンジャゴー・アイランドをつくった初代《しょだい》スピン術《じゅつ》マスターの息子《むすこ》で、創造《そうぞう》のパワーをあやつることができる。さらに、スピン術《じゅつ》といういにしえの武術《ぶじゅつ》の使《つか》い手《て》で、とてもかしこく、究極《きゅうきょく》のパワーを身《み》につけているのだ。先生《せんせい》は炎《ほのお》、アイス、大地《だいち》、イナズマという4つのエレメント・パワーをすべてあやつれる。

コール

大地《だいち》・マスター

まめ知識《ちしき》

日本《にほん》の戦士《せんし》である忍者《にんじゃ》たちは、忍《しの》びの技《わざ》やサバイバルのテクニックを学《まな》び、いろいろな武器《ぶき》で敵《てき》と戦《たたか》うんだ。

ニンジャ・ファイル

すき：はげしいスポーツ
きらい：ダンス
なかよし：なかまのニンジャ
敵《てき》：クランチャ、チョポブ
特技《とくぎ》：怪力《かいりき》
武器《ぶき》：弓矢《ゆみや》、ハンマー

セット名《めい》：コール、ホネホネ・ドラッグスター、ニンジャ・トレーニング
セット番号《ばんごう》：2112、2263、2516
発売年《はつばいねん》：2011 年《ねん》

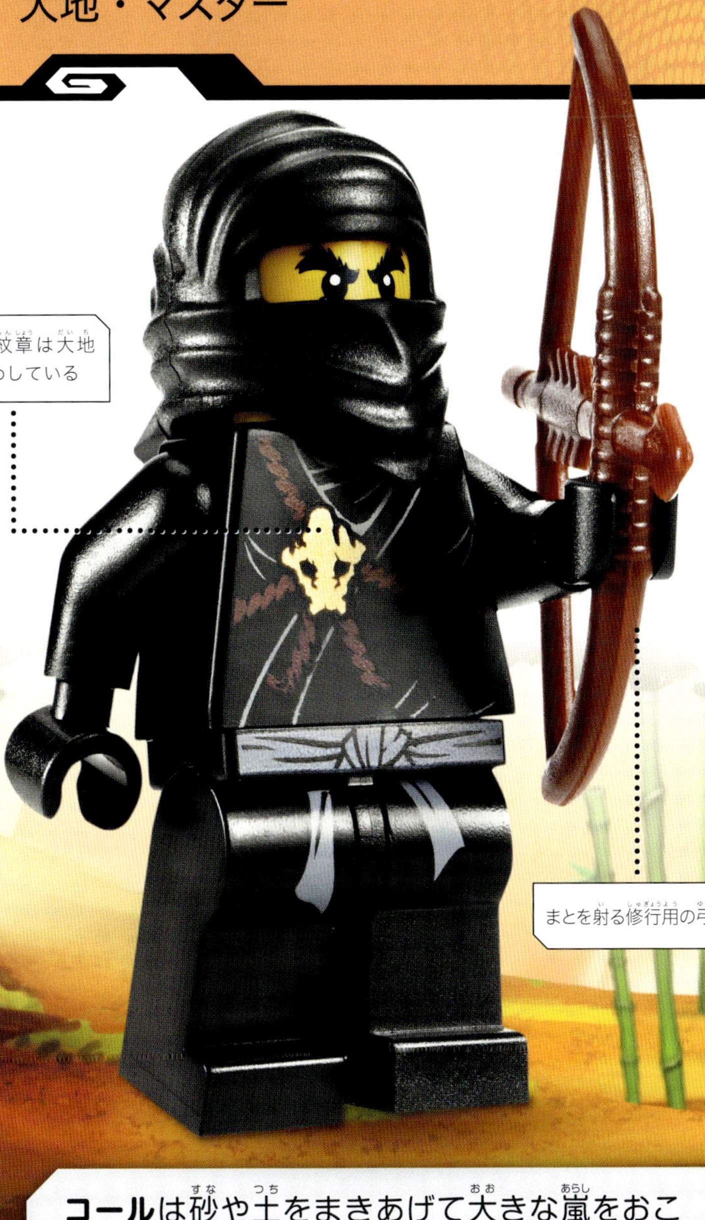

金色《きんいろ》の紋章《もんしょう》は大地《だいち》をあらわしている
まとを射《い》る修行用《しゅぎょうよう》の弓矢《ゆみや》

はじめての弟子《でし》

コールは、ウー先生《せんせい》が訓練《くんれん》したはじめての弟子《でし》だ。ウー先生《せんせい》の修行《しゅぎょう》はきびしかったが、コールにとっては楽《たの》しい時間《じかん》だった。とくに、弓矢《ゆみや》の練《れん》習《しゅう》は、集中力《しゅうちゅうりょく》とコントロール能力《のうりょく》を高《たか》めるのに役《やく》だつのだ。

コールは砂《すな》や土《つち》をまきあげて大《おお》きな嵐《あらし》をおこし、すべてをこなごなにしてしまう力《ちから》を持《も》っている。また、岩《いわ》のようにがんじょうで、たよりがいのある男《おとこ》だ。生《う》まれながらの戦略家《せんりゃくか》でリーダー向《む》きなため、チームには欠《か》かせない。いつもチームのことを考《かんが》え、ほかのニンジャとも真《しん》の友《とも》だちとしてつきあっている。

カイ

ファイヤー・マスター

ニンジャ・ファイル

すき：危険《きけん》にとびこむこと
きらい：戦《たたか》いに負《ま》けること
なかよし：ウー先生《せんせい》、ニャー
敵《てき》：サムカイ、フラクジョー
特技《とくぎ》：武器《ぶき》づくり
武器《ぶき》：刀《かたな》、ヤリ

セット名《めい》：カイ、ニンジャ・アンブッシュ、ガーマドンの要《よう》さい、鍛冶職人《かじしょくにん》の小屋《こや》、ドラゴンの戦《たたか》い
セット番号《ばんこう》：2111、2258、2505、2508、30083
発売年《はつばいねん》：2011年《ねん》

このずきんは2まいの布《ぬの》からできており、目以外《めいがい》のすべてをかくす
刀《かたな》はカイの鍛冶工房《かじこうぼう》でつくられたもの
帯《おび》はニンジャに欠《か》かせないコスチュームの一部《いちぶ》

まめ知識《ちしき》

武器《ぶき》のかくし場所《ばしょ》がのっている地図《ちず》を守《まも》っていたカイのお父《とう》さんは、ニンジャの秘密《ひみつ》を知《し》っていたのかも？

カイの家族《かぞく》

カイと妹《いもうと》のニャーは、父親《ちちおや》の持《も》っていた、武器《ぶき》をつくる鍛冶工房《かじこうぼう》を引《ひ》きついでくらしていた。ウー先生《せんせい》は、カイに特別《とくべつ》なパワーがあることを見《み》ぬき、生《う》まれもった炎《ほのお》のパワーでスピン術《じゅつ》を身《み》につけさせた。

カイのエレメント・パワーは炎《ほのお》だ。性格《せいかく》も炎《ほのお》のようにあつい！　ウー先生《せんせい》からニンジャの訓練《くんれん》を受《う》けるようにいわれたカイだが、まずは短気《たんき》な性格《せいかく》を変《か》えるところからはじめなければならなかった。しかし、ウー先生《せんせい》の期待《きたい》にこたえてカイは勇《ゆう》かんで忠誠心《ちゅうせいしん》のあるすぐれたニンジャに育《そだ》った。炎《ほのお》のようなエネルギーをスピン術《じゅつ》にこめて戦《たたか》うのだ。

ジェイ

イナズマ・マスター

ニンジャ・ファイル

すき：おもしろいジョーク
きらい：こわれた機械《きかい》
なかよし：ニャー
敵《てき》：ヌッカル、クラジ
特技《とくぎ》：発明《はつめい》
武器《ぶき》：ヤリ、刀《かたな》

セット名《めい》：スピン術《じゅつ》バトル・スターターセット、ホネホネ・モーターバイク、ホネホネ・ドラッグスター、ホネホネ・トラック、ニンジャ・トレーニング、ジェイ
セット番号《ばんごう》：2257、2259、2263、2506、30082、30084
発売年《はつばいねん》：2011 年《ねん》

イナズマ・ヌンチャクは４つのゴールドの武《ぶ》器《き》のひとつ

道着《どうぎ》の金色《きんいろ》の紋章《もんしょう》はイナズマをあらわす

イナズマ・スピン術《じゅつ》

ジェイは４人《にん》のニンジャの中《なか》でさいしょにスピン術《じゅつ》をマスターした。まるで光《ひかり》のようにはやく回転《かいてん》して、エネルギーをはじけさせながらイナズマのたつまきになることができる。

ジェイはイナズマのエレメント・パワーをあやつり、戦《たたか》うときもイナズマのようなすばやさで動《うご》く。しかも創造力《そうぞうりょく》があり、問題《もんだい》をかたづけるのが大《だい》すきだ。ウー先生《せんせい》は、発明《はつめい》が得意《とくい》で冒険《ぼうけん》心《しん》があり、そしてユーモアのセンスを持《も》つジェイを見《み》たとき、すぐにすぐれたニンジャになると見《み》ぬいたのだ。

ゼン

アイス・マスター

まめ知識《ちしき》

ゼンは人間《にんげん》みたいだけど、じつはロボットなんだ。だからゼンは、ほかのニンジャにくらべてクールなんだよ。

ゼンのずきんは、まるで氷《こおり》のように白《しろ》い
刀《かたな》を持《も》つゼンの手《て》は、白《しろ》い道着《どうぎ》とは反対《はんたい》に真《ま》っ黒《くろ》。ニンジャたちはみんな黒《くろ》い手《て》だ

ニンジャ・ファイル

すき：料理《りょうり》
きらい：ジョーク
なかよし：ウー先生《せんせい》
敵《てき》：ウィプラッシュ、ボーンザイ
特技《とくぎ》：論理的思考《ろんりてきしこう》
武器《ぶき》：刀《かたな》、フラット・スピア

セット名《めい》：ゼン、スピン術道場《じゅつどうじょう》、ホネホネ・トラック、ファイヤー神殿《しんでん》、ニンジャ・グライダー
セット番号《ばんごう》：2113、2504、2506、2507、30080
発売年《はつばいねん》：2011 年《ねん》

ニンジャ・グライダー

ニンジャ・グライダー（セット番号《ばんごう》30080）には、6 まいの金色《きんいろ》の翼《つばさ》を持《も》つグライダーが入《はい》っている。ゼンは刀《かたな》を手《て》に、これで敵《てき》の上《うえ》へしのびよるのだ。

ゼンはものしずかでまじめ、そして高《たか》い集中力《しゅうちゅうりょく》がある。おぼえもはやく、ありとあらゆるものに興味《きょうみ》を持《も》っている。戦《たたか》いでは、じっとようすをうかがってからの攻撃《こうげき》が得意《とくい》だ。音《おと》を立《た》てずにしのびより、敵《てき》に気《き》づかれずに近《ちか》づくことができる。そのかわり、ゼンはなかまのジョークに気《き》づかないことがよくある。

ニャー

カイの妹《いもうと》

ニンジャ・ファイル

すき：自立《じりつ》
きらい：さらわれること
なかよし：ジェイ
敵《てき》：ホネホネ・アーミー
特技《とくぎ》：メカいじり
武器《ぶき》：短剣《たんけん》、杖《つえ》

セット名《めい》：ニャー、ガーマドンの要《よう》さい、ファイヤー神殿《しんでん》
セット番号《ばんごう》：2172、2505、2507
発売年《はつばいねん》：2011 年《ねん》

ニャーは短剣《たんけん》など、さまざまな武《ぶ》器《き》を使《つか》うことができる

あしのパーツには、不死鳥《ふしちょう》がプリントされている

秘密《ひみつ》だらけの妹《いもうと》

正体《しょうたい》をかくしてニンジャたちを助《たす》けるニャー。だが、秘密《ひみつ》はほんとうにばれていないのだろうか？ホネホネ・アーミーたちにさらわれたニャーは、自分《じぶん》にも戦士《せんし》としての力《ちから》があるということを思《おも》わず彼《かれ》らに見《み》せつけてしまった。

決意《けつい》にみちた表《ひょう》情《じょう》をおおいかくす赤《あか》いマスク

ニャーはカイの妹《いもうと》で、兄《あに》といっしょに鍛冶工房《かじこうぼう》ではたらいている。まだニンジャではないものの、ニャーは男《おとこ》の子《こ》たちに負《ま》けないくらいタフだ。きびしい修行《しゅぎょう》にはげみ、マスクで正体《しょうたい》をかくしながら、いつでも悪《あく》と戦《たたか》えるように準備《じゅんび》をしている。コンピューターを使《つか》って、敵《てき》の情報《じょうほう》を手《て》に入《い》れることも得意《とくい》だ。

まめ知識《ちしき》

シリーズの中《なか》で、はじめてのダブルフェイス（前《ぜん》後《ご》に顔《かお》がプリントしてある）がニャーのミニフィギュアだよ。

はたして
おぬしらに
できるかな？

真《しん》の
ニンジャになるためには？

自分《じぶん》のエレメント・パワーをあやつること

友《とも》だちを裏切《うらぎ》らないこと

さまざまな武器《ぶき》を使《つか》いこなすこと

忍《しの》びの技《わざ》をマスターすること

ブラック・ガーマドン

破壊《はかい》・マスター

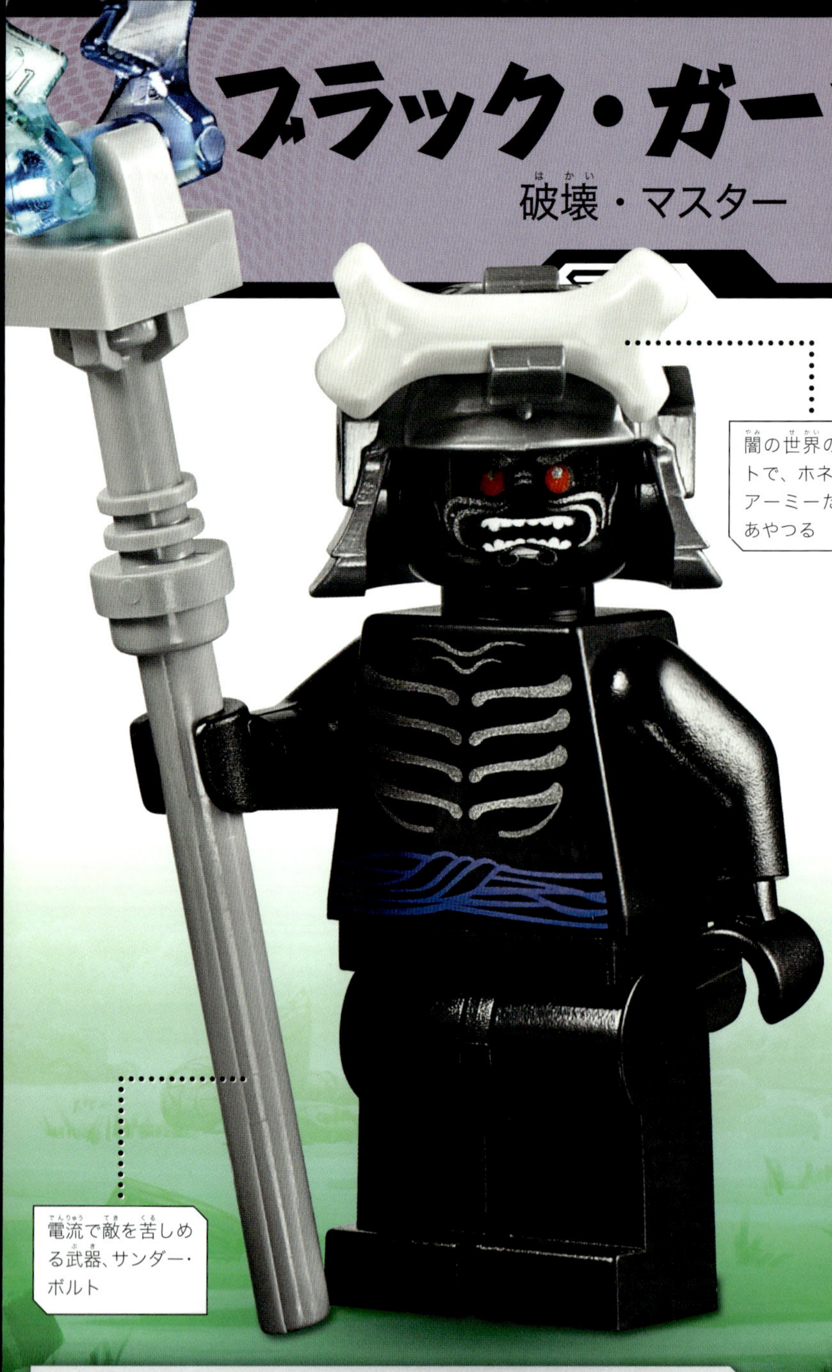

闇《やみ》の世界《せかい》のカブトで、ホネホネ・アーミーたちをあやつる

電流《でんりゅう》で敵《てき》を苦《くる》しめる武器《ぶき》、サンダー・ボルト

ニンジャ・ファイル

すき：邪悪《じゃあく》な計画《けいかく》
きらい：目《め》ざわりなニンジャ
なかよし：いない
敵《てき》：グレート・ヘビヘビ
特技《とくぎ》：ウー先生《せんせい》との口《くち》げんか
武器《ぶき》：サンダー・ボルト、闇《やみ》の世界《せかい》のカブト

セット名《めい》：ガーマドン卿《きょう》、ガーマドンの要《よう》さい、ホネホネ・トラック、ファイヤー神殿《しんでん》
セット番号《ばんごう》：2256、2505、2506、2507
発売年《はつばいねん》：2011 年《ねん》

グレート・ヘビヘビ

ガーマドンは昔《むかし》から悪《わる》いやつだったわけではない。子《こ》どものころにグレート・ヘビヘビというヘビにかまれ、その毒《どく》によって邪悪《じゃあく》になったのだ。その後《ご》、ウー先生《せんせい》との戦《たたか》いに負《ま》けて、闇《やみ》の世界《せかい》へ落《お》ちてしまった。

ブラック・ガーマドンはウー先生《せんせい》の兄《あに》で、邪悪《じゃあく》な闇《やみ》の世界《せかい》の王《おう》だ。ホネホネ・アーミーたちの力《ちから》を使《つか》って弟《おとうと》とニンジャをたおし、ニンジャゴーの世界《せかい》を破壊《はかい》するというおそろしい計画《けいかく》を進《すす》めている。その第一歩《だいいっぽ》として、まぬけなホネホネ・アーミーたちをスピン術流《じゅつりゅう》の修行《しゅぎょう》できたえあげて、おそるべき強敵《きょうてき》へと育《そだ》てたのだ。

ウー先生《せんせい》

道場《どうじょう》の師範《しはん》

まめ知識《ちしき》

このバージョンのウー先生《せんせい》のように、ほとんどの武術《ぶじゅつ》の世界《せかい》では、黒《くろ》い帯《おび》は達人《たつじん》であることのしるしなんだ。

ニンジャ・ファイル

すき：なぞかけ
きらい：いねむりするニンジャ
なかよし：弟子《でし》のニンジャ
敵《てき》：ホネホネ・アーミー
特技《とくぎ》：はてしない忍耐力《にんたいりょく》
武器《ぶき》："ボウ（棒《ぼう》）"という杖《つえ》

セット名《めい》：スピン術道場《じゅつどうじょう》、3D《スリーディー》バトルアリーナ、武器《ぶき》トレーニング特別《とくべつ》セット
セット番号《ばんごう》：2504、853106、853111
発売年《はつばいねん》：2011年《ねん》

ウー先生《せんせい》の目《め》を日《ひ》ざしから守《まも》る昔《むかし》ながらの形《かたち》をした笠《かさ》
智恵《ちえ》をたたえた目《め》と灰《はい》色《いろ》のまゆ
白《しろ》い道着《どうぎ》が、修《しゅ》行《ぎょう》をするときのコスチュームだ

お茶《ちゃ》の時間《じかん》

ニンジャを4人《にん》も教《おし》えていると、のどがかわく！　ウー先生《せんせい》はなんども休《きゅう》けいを取《と》り、お茶《ちゃ》を飲《の》んで一服《いっぷく》するぞ。ただし休《やす》めるのはウー先生《せんせい》だけ。ニンジャは修行《しゅぎょう》にはげむのだ！

ウー先生《せんせい》はかなり年《とし》を取《と》っているようにみえる。だがしかし、すぐれたニンジャであり、おそれを知《し》らない戦士《せんし》なのだ。ウー先生《せんせい》は今《いま》までつちかったその知識《ちしき》を、わかいニンジャたちに毎日《まいにち》の修行《しゅぎょう》の中《なか》で伝《つた》え、教《おし》えている。力《ちから》だけではなく頭《あたま》を使《つか》うことが大切《たいせつ》であり、智恵《ちえ》がなければ戦《たたか》いに勝《か》てないのだ。

ニンジャどもを
骨《ほね》ぬきに
してくれる!

ホネホネ・アーミーたちの教《おし》え

サムカイ

炎《ほのお》の将軍《しょうぐん》

まめ知識《ちしき》

2011年発売《ねんはつばい》のシリーズ中《ちゅう》、サムカイは一番《いちばん》レアなミニフィギュアで2種類《しゅるい》のセットにしか入《はい》っていないよ。

大《おお》きくひらいた口《くち》は『レゴ®ニンジャゴー』のミニフィギュアではめずらしい
頭《ず》がい骨《こつ》のもよう
4本《ほん》の骨《ほね》のうでで、4つの武器《ぶき》を一度《いちど》にあやつることができる

ニンジャ・ファイル

すき：リーダーになること
きらい：命令《めいれい》にしたがうこと
なかよし：ほかの将軍《しょうぐん》たち
敵《てき》：ブラック・ガーマドン
特技《とくぎ》：悪事《あくじ》をたくらむこと
武器《ぶき》：骨《ほね》の短剣《たんけん》

セット名《めい》：ガーマドンの要《よう》さい、ファイヤー神殿《しんでん》
セット番号《ばんごう》：2505、2507
発売年《はつばいねん》：2011年《ねん》

ライバルどうし

サムカイもニンジャたちと同《おな》じようにエレメント・パワーを持《も》っている。サムカイのパワーはカイと同《おな》じ炎《ほのお》のパワー。ふたりが戦《たたか》うと、武器《ぶき》が火《ひ》をふき、火花《ひばな》がちる。

サムカイは、昔《むかし》は闇《やみ》の世界《せかい》の王《おう》としておそれられていたが、ブラック・ガーマドンによってその立場《たちば》をうばわれた。そのため、今《いま》はガーマドンの下《した》でホネホネ・アーミーたちをひきいてニンジャと戦《たたか》っている。ガーマドンは、4本《ほん》うでのサムカイに、4つのゴールドの武器《ぶき》をあやつらせようとたくらんでいるのだ。

クランチャ

大地《だいち》の将軍《しょうぐん》

ニンジャ・ファイル

すき：自分《じぶん》が正《ただ》しいと証明《しょうめい》されること
きらい：無視《むし》されること
なかよし：命令《めいれい》を聞《き》く兵士《へいし》
敵《てき》：しつこいニンジャ
特技《とくぎ》：大声《おおごえ》で命令《めいれい》すること
武器《ぶき》：金色《きんいろ》のダーク・ブレード

セット名《めい》：クランチャ、ファイヤー神殿《しんでん》、鍛冶職人《かじしょくにん》の小屋《こや》、ライトニング・ドラゴン・バトル
セット番号《ばんごう》：2174、2507、2508、2521
発売年《はつばいねん》：2011年《ねん》

おしゃれなクランチャは右目《みぎめ》にだけ眼鏡《めがね》をかけている

クランチャのヨロイはほかの胴体《どうたい》にもつけられる

ギザギザの金色《きんいろ》の剣《けん》は重《おも》くするどい

クランチャのヨロイ

クランチャを守《まも》るヨロイは、ほかのホネホネのものと少《すこ》しちがっていて、肩《かた》のつくりががんじょうにできている。クランチャと同《おな》じようなヨロイをつけているのはウィプラッシュだけだ。

クランチャはホネホネ・アーミーの4人《にん》の将軍《しょうぐん》のうちのひとりで大地《だいち》の将軍《しょうぐん》である。クランチャは声《こえ》が大《おお》きく、あらっぽくて力持《ちからも》ち。そしていじわるな性格《せいかく》で、じゃま者《もの》はだれでもやっつけてしまう。しょっちゅう部下《ぶか》をしかりつけていて、なかまの将軍《しょうぐん》であるヌッカルとも言《い》いあらそってばかりいる。

ウィプラッシュ

アイスの将軍《しょうぐん》

ウィプラッシュの肩《かた》と体《からだ》を守《まも》るがんじょうなヨロイ

よく切《き》れるカーブした剣《けん》

『レゴ®ニンジャゴー』のホネホネのあしのパーツは、いつものスケルトンのミニフィギュアのあしとちがう

ニンジャ・ファイル

すき：見《み》はること
きらい：なにがおきているのかわからないこと
なかよし：だれも信《しん》じない
敵《てき》：すきのないニャー
特技《とくぎ》：忍《しの》びの技《わざ》
武器《ぶき》：ぬすんだ剣《けん》

セット名《めい》：ウィプラッシュ、ホネホネ・トラック、アース・ドラゴン
セット番号《ばんごう》：2175、2506、2509
発売年《はつばいねん》：2011年《ねん》

頭《ず》がい骨《こつ》から……

ウィプラッシュはウー先生《せんせい》のように竹《たけ》の笠《かさ》をかぶっている。ホネホネ・アーミーの将軍《しょうぐん》の中《なか》で、笠《かさ》をかぶっているのは、ウィプラッシュだけだ。しかも、頭《ず》がい骨《こつ》の横《よこ》から虫《むし》がはいだしている。

頭《あたま》がいたむのは、この虫《むし》のせいかも……

ウィプラッシュはガーマドンひきいる4人《にん》の将軍《しょうぐん》のうちのひとりで、サムカイのたよりになる部下《ぶか》だ。忍《しの》びの技《わざ》が得意《とくい》で、いつも敵《てき》のようすをうかがっており、ここぞというタイミングで攻撃《こうげき》する。おどろくほど用心深《ようじんぶか》く、近《ちか》づいてくる敵《てき》をいつでも見《み》つけることができるように、大《おお》きな頭《あたま》を180度回転《どかいてん》させることもできる。

ヌッカル

イナズマの将軍《しょうぐん》

まめ知識《ちしき》

ホネホネのミニフィギュアの中《なか》で、ちゃんと頭《ず》がい骨《こつ》の形《かたち》の頭《あたま》がついているのは、将軍《しょうぐん》の4人《にん》だけなんだ。

ヌッカルの頭《ず》がい骨《こつ》はユニークで、頭《あたま》にとげがいくつも生《は》えている
金属《きんぞく》の眼帯《がんたい》

ニンジャ・ファイル

すき：さわぎをおこすこと
きらい：ひまなこと
なかよし：イナズマのホネホネたち
敵《てき》：じゃまをするやつはみんな
特技《とくぎ》：勇《ゆう》かんであること
武器《ぶき》：銀色《ぎんいろ》のダーク・ブレード

セット名《めい》：ヌッカル、スピン術《じゅつ》道場《どうじょう》、ヌッカルのATV《エーティーブイ》
セット番号《ばんごう》：2173、2504、2518
発売年《はつばいねん》：2011年《ねん》

おそろしいATV《エーティーブイ》

ヌッカルのATV《エーティーブイ》（全地形対応車《ぜんちけいたいおうしゃ》）は、あらゆるものを破壊《はかい》しながら進《すす》む。このおそろしい車《くるま》は、ぶあついヨロイとしょうげきを弱《よわ》めるばねがついていて、ミサイルまで発射《はっしゃ》できる。なんておそろしいメカだ！

ヌッカルは4人《にん》の将軍《しょうぐん》のうちのひとりで、あらそいごとが大《だい》すきでトラブルばかりおこしている。しかも子《こ》どもっぽくて乱暴《らんぼう》なため、とても危険《きけん》だ。イナズマのようなスピードで技《わざ》をくりだし、ニンジャをたおすのが楽《たの》しくてたまらない。電流《でんりゅう》が流《なが》れるようなかん高《だか》い声《こえ》でわらいながら、強力《きょうりょく》な攻撃《こうげき》をしかけてくるのだ。

フラクジョー

ファイヤー・ホネホネ

まめ知識《ちしき》

フラクジョーはホネホネ・ドラッグスター（セット番号《ばんごう》2263）にのるとき、ヘルメットではなく笠《かさ》をかぶるよ。

ニンジャ・ファイル

すき：おしゃべり
きらい：ひまなこと
なかよし：クラジ
敵《てき》：カイ
特技《とくぎ》：おそれを知《し》らないこと
武器《ぶき》：金色《きんいろ》のメイス、ダーク・ブレード、長《なが》い骨《ほね》

セット名《めい》：スピン術《じゅつ》バトル・スターターセット、ホネホネ・ドラッグスター、ライトニング・ドラゴン・バトル、ホネホネ・ヘリコプター
セット番号《ばんごう》：2257、2263、2521、30081
発売年《はつばいねん》：2011年《ねん》

フラクジョーを守《まも》る、ゴーグルのついたヘルメット

金色《きんいろ》のメイスを持《も》ちながらスピン術《じゅつ》をくりだすと、攻撃《こうげき》のはんいが広《ひろ》がる

たくさんの武器《ぶき》

武器《ぶき》をたくさん持《も》っているホネホネ・アーミーをたおすために、ニンジャは使《つか》える技《わざ》のすべてを使《つか》わなければならない。邪悪《じゃあく》なホネホネ・アーミーの中《なか》でも、フラクジョーはもっとも極悪《ごくあく》なホネホネだ。

フラクジョーはガーマドンのホネホネ・アーミーの中《なか》で一番手《いちばんて》ごわい兵士《へいし》だ。赤《あか》い道着《どうぎ》をまとい、短気《たんき》でおこりっぽく、ニンジャと戦《たたか》うのが大《だい》すきなのだ。また、自分《じぶん》の声《こえ》を気《き》に入《い》っているので、なかなかおしゃべりをやめてくれない。フラクジョーは敵《てき》をばかにしたり、悪口《わるぐち》を言《い》ったりするのがとりわけすきなのだ。

クラジ

イナズマ・ホネホネ

ニンジャ・ファイル

すき：トラブルをおこすこと
きらい：まじめなこと
なかよし：フラクジョー
敵《てき》：ジェイ
特技《とくぎ》：すばやく反応《はんのう》すること
武器《ぶき》：骨《ほね》、ツルハシ

セット名《めい》：クラジ、アイス・ドラゴン
セット番号《ばんごう》：2116、2260
発売年《はつばいねん》：2011 年《ねん》

赤色《あかいろ》と青色《あおいろ》のピエロのぼうし
顔《かお》の赤《あか》いペイントがピエロっぽい
ぬすんだアイス手裏剣《しゅりけん》

まめ知識《ちしき》

スピン術《じゅつ》を使《つか》えるのはニンジャだけではないんだ。クラジのイナズマ・トルネードは強力《きょうりょく》ではやいぞ！

トゲトゲのヨロイ

クラジは 2116 番《ばん》のセットではピエロのぼうしだけ、2260 番《ばん》のセットではヨロイだけをまとっており、両方《りょうほう》を身《み》につけていることはない。ヨロイの青《あお》いとげは、ヌッカルとおそろいだ。

肩《かた》の青《あお》いとげはヨロイの一部《いちぶ》
ホネホネ・アーミーの紋章《もんしょう》

クラジは、クレイジーであらくれ者《もの》のホネホネだ。ブラック・ガーマドンひきいるホネホネ・アーミーの一員《いちいん》で、なかまの中《なか》でも一番《いちばん》すばやく、イナズマのようにあっという間《ま》に攻撃《こうげき》する。クラジがかぶっている赤色《あかいろ》と青色《あおいろ》のピエロのぼうしと、顔《かお》のペイントは、彼《かれ》のクレイジーな性格《せいかく》をあらわしているんだ。

チョポプ

大地《だいち》・ホネホネ

まめ知識《ちしき》
チョポプのミニフィギュアには、帯《おび》や肩《かた》のとげが灰色《はいいろ》になっているものなど、いろんなバージョンがあるんだ。

黒《くろ》いヘルメット
骨《ほね》のオノ
腰《こし》にふんどしがプリントされているバージョンもある

ニンジャ・ファイル

すき：ビッグな夢《ゆめ》
きらい：タイヤがパンクしてしまうこと
なかよし：大地《だいち》・ホネホネたち
敵《てき》：コール
特技《とくぎ》：メカいじり
武器《ぶき》：ブロンズ色《いろ》の骨《ほね》のオノ

セット名《めい》：チョポプ、ホネホネ・モーターバイク、ガーマドンの要《よう》さい
セット番号《ばんごう》：2114、2259、2505
発売年《はつばいねん》：2011 年《ねん》

改造《かいぞう》モーターバイク

ホネホネ・モーターバイク（セット番《ばん》号《ごう》 2259）にのったチョポプはこの巨《きょ》大《だい》なバイクで、道《みち》をふさぐものをすべてたたきつぶしてしまうぞ！

ヒンジ機構《きこう》

チョポプはホネホネ・アーミーのメカニック長《ちょう》であり、すべてのメカの調子《ちょうし》を整《ととの》えている。チョポプのひそかなねがいは、ホネホネ・アーミーの超《ちょう》クールなメカをボーンザイのかわりに設計《せっけい》することだ。かしこく、岩《いわ》のようにタフで、どんなじゃま者《もの》もゆるさない。もちろんニンジャたちのこともゆるさないにきまってる！

ボーンザイ

アイス・ホネホネ

まめ知識《ちしき》

ボーンザイの名前《なまえ》は、“バンザイ”というかけ声《ごえ》と“ボーン（骨《ほね》）”ということばを合《あ》わせてできたんだ！

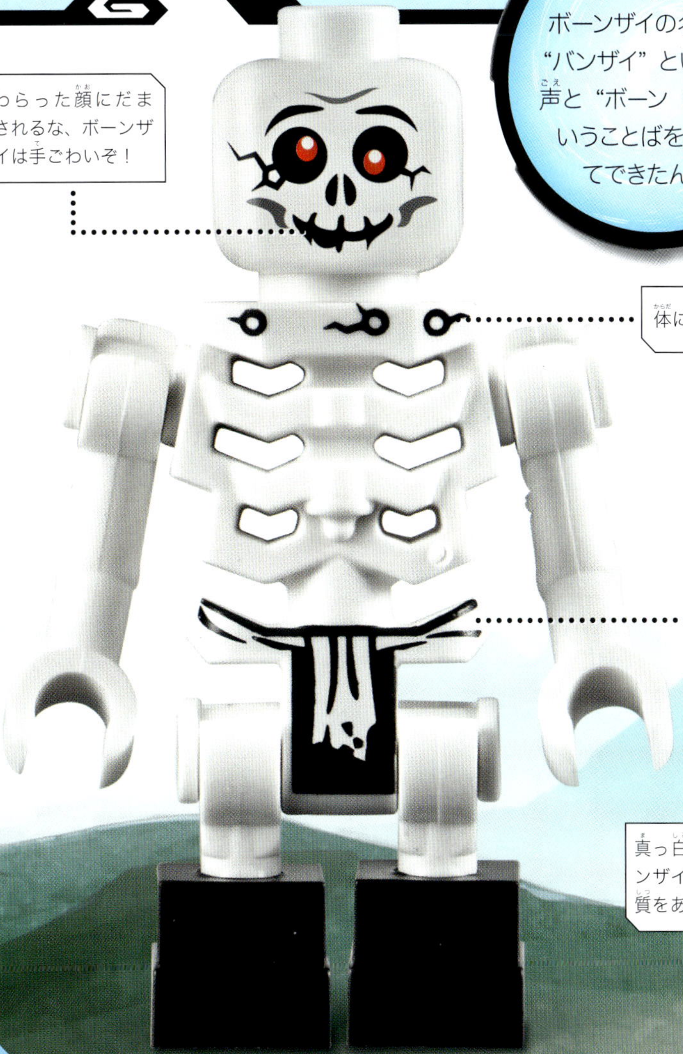

わらった顔《かお》にだまされるな、ボーンザイは手《て》ごわいぞ！

体《からだ》にはきずがある

真《ま》っ白《しろ》な帯《おび》は、ボーンザイのアイスの性《せい》質《しつ》をあらわしている

ニンジャ・ファイル

すき：邪悪《じゃあく》なメカ
きらい：下手《へた》なドライバー
なかよし：チョポブ――彼《かれ》がどう思《おも》っているかはわからない
敵《てき》：ゼン
特技《とくぎ》：発明《はつめい》
武器《ぶき》：銀色《ぎんいろ》の骨《ほね》のオノ

セット名《めい》：ボーンザイ、ニンジャ・アンブッシュ、ガーマドンの要《よう》さい、ニンジャゴー・バトル・アリーナ
セット番号《ばんごう》：2115、2258、2505、2520
発売年《はつばいねん》：2011 年《ねん》

カイの奇襲攻撃《きしゅうこうげき》

ボーンザイの顔《かお》は、より目《め》になっている。たぶん、カイからいきなり攻《こう》撃《げき》を受《う》けて頭《あたま》をなぐられたせいだ。カイのあつい攻撃《こうげき》に、ボーンザイはクールなままでいられるかな？

ボーンザイは、ホネホネ・アーミーが戦《たたか》いで使《つか》うメカをすべて設計《せっけい》している。氷《こおり》のようにつめたい心《こころ》の持《も》ち主《ぬし》で、どんな敵《てき》でもふるえあがらせる、おそろしい兵士《へいし》だ。影《かげ》さえもこおりつかせるほどつめたいぞ！　ボーンザイは戦《たたか》いで手《て》がらを立《た》てるため、アイスのエレメント・パワーを使《つか》ってゴールドの武器《ぶき》を勝《か》ちとろうとする。

カイ DX《ディーエックス》

ファイヤー・ドラゴン・エクストリーム

まめ知識《ちしき》
ドラゴンをさいしょに見《み》つけたカイは、手《て》なづけ、なかまのニンジャでもあやつれるようにしたんだよ。

ずきんは修行《しゅぎょう》のとき（12ページ）のパーツと同《おな》じものだ

金色《きんいろ》のファイヤー・ドラゴンは、炎《ほのお》のエレメント・パワーをあらわしている

ゴールドの武器《ぶき》を使《つか》えるようになるまでは、ふつうの剣《けん》を使《つか》う

ニンジャ・ファイル

すき：ドラゴンでとぶこと
きらい：ドラゴン・レースで負《ま》けること
なかよし：フレーム
敵《てき》：ホネホネ・アーミー
特技《とくぎ》：ドラゴンと話《はな》すこと
武器《ぶき》：炎《ほのお》の剣《けん》

セット名《めい》：マウンテン神社《じんじゃ》、ファイヤー神殿《しんでん》、ヌッカルのATV《エーティーブイ》
セット番号《ばんごう》：2254、2507、2518
発売年《はつばいねん》：2011年《ねん》

ファイヤー・マスター

ファイヤー・ドラゴンを見《み》つけ、炎《ほのお》の剣《けん》の使《つか》い方《かた》をマスターしたカイは、新《あたら》しくドラゴンの道着《どうぎ》を受《う》けとる。炎《ほのお》の剣《けん》は、初《しょ》代《だい》スピン術《じゅつ》マスターが持《も》っていた4つのゴールドの武器《ぶき》のひとつだ。

カイ DX《ディーエックス》は、ドラゴン・エクストリームというレベルにたどりついたカイのすがただ。そして、それにふさわしい新《あら》たなドラゴンの道着《どうぎ》を手《て》に入《い》れたのである。闇《やみ》の世界《せかい》に行《い》かなければならなくなったとき、カイはまずドラゴンに助《たす》けをもとめた。そしてドラゴンのおどろくべきスピードを引《ひ》きだし、ウー先生《せんせい》を助《たす》けに向《む》かったのだ。

ファイヤー・ドラゴン

炎《ほのお》の守護神《しゅごしん》

ニンジャ・ファイル

すき：バーベキュー
きらい：さむざむしい洞窟《どうくつ》
なかよし：カイ
敵《てき》：ファイヤー神殿《しんでん》に勝手《かって》に入《はい》ってくるもの
特技《とくぎ》：炎《ほのお》をはく
武器《ぶき》：炎《ほのお》の息《いき》

セット名《めい》：ファイヤー神殿《しんでん》
セット番号《ばんごう》：2507
発売年《はつばいねん》：2011年《ねん》

まめ知識《ちしき》

ドラゴンは、大《おお》きくなるとどこかへとんでいって、大人《おとな》のドラゴンになるためにうろこを落《お》とし脱皮《だっぴ》するんだ。

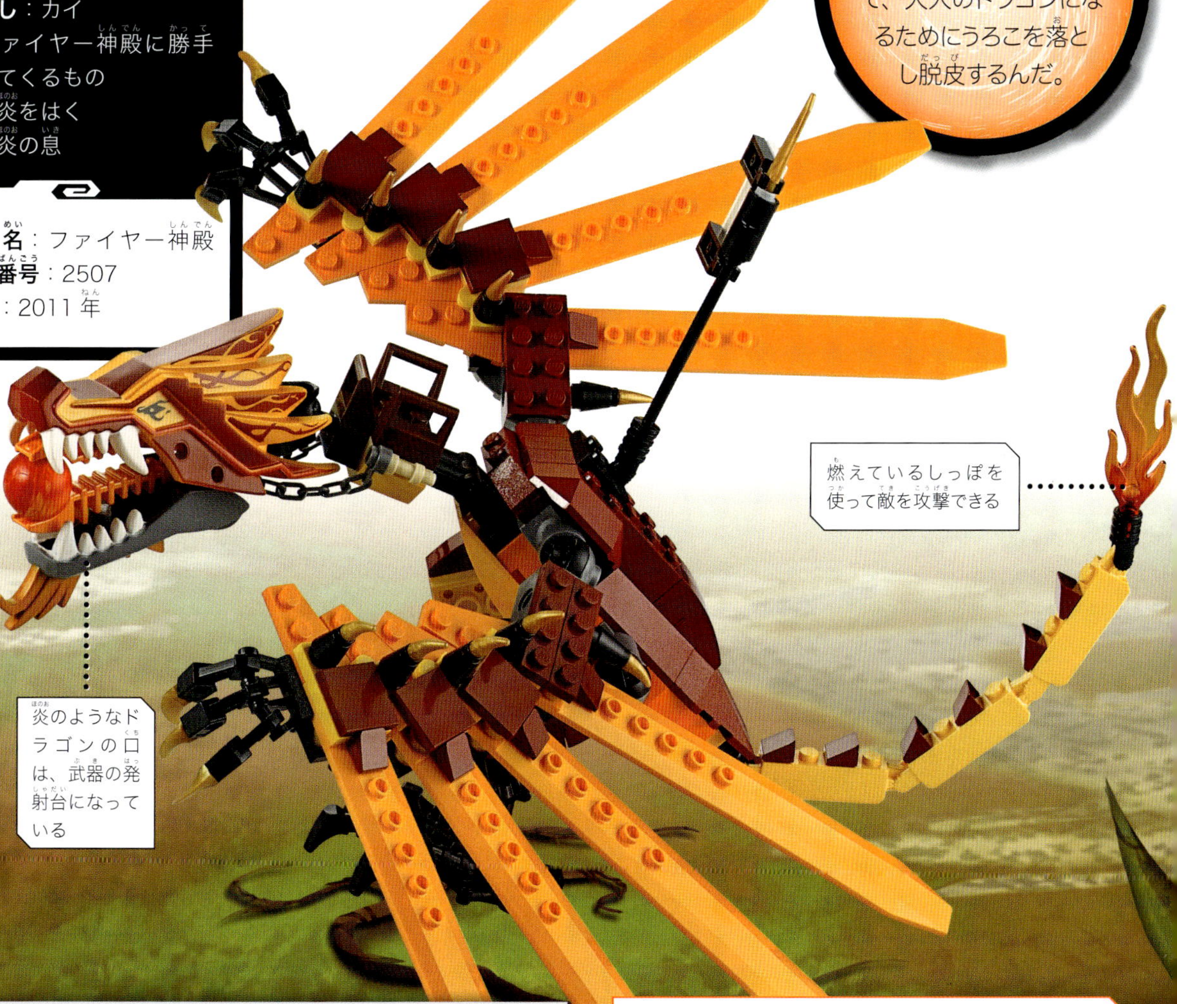

燃《も》えているしっぽを使《つか》って敵《てき》を攻撃《こうげき》できる

炎《ほのお》のようなドラゴンの口《くち》は、武器《ぶき》の発射台《はっしゃだい》になっている

ファイヤー・ドラゴンは、ウー先生《せんせい》がファイヤー神殿《しんでん》にかくしたゴールドの炎《ほのお》の剣《けん》を守《まも》っている。カイはファイヤー・ドラゴンを手《て》なずけ、命令《めいれい》を出《だ》したり、のることができるようになった。カイは、鼻《はな》の先《さき》からしっぽまで真《ま》っ赤《か》に燃《も》えているこのドラゴンに、フレームという名前《なまえ》をつけた。

かくされたドラゴン

ファイヤー神殿《しんでん》（セット番号《ばんごう》2507）には、ファイヤー・ドラゴンがかくされている。ふだんは翼《つばさ》しか見《み》えないが、神殿《しんでん》がふたつにわれるとドラゴンがすがたをあらわすぞ。

ジェイ DX《ディーエックス》

イナズマ・ドラゴン・エクストリーム

ニンジャ・ファイル

すき：イナズマを生《う》みだすこと
きらい：動《うご》かないですわっていること
なかよし：ウィスプ
敵《てき》：ホネホネ・アーミー
特技《とくぎ》：イナズマ・スピン術《じゅつ》
武器《ぶき》：イナズマ・ヌンチャク

セット名《めい》：スケルトン・ボーリング、ライトニング・ドラゴン・バトル
セット番号《ばんごう》：2519、2521
発売年《はつばいねん》：2011 年《ねん》

特《とく》ちょう的《てき》なまゆ毛《げ》で、ジェイだとわかる

新《あたら》しい深《ふか》い青色《あおいろ》の帯《おび》

空《そら》の上《うえ》のレース

戦《たたか》いがないときも、ニンジャたちはドラゴンが運動不足《うんどうぶそく》にならないよう気《き》をつけている。そのひとつが、空《そら》の上《うえ》でおこなわれるレースだ。ジェイはこのレースに勝《か》つのが大《だい》すき！

ジェイ DX《ディーエックス》はイナズマ・ヌンチャクを持《も》っている。これで悪《あく》と戦《たたか》う準備《じゅんび》はばっちりだ！　ジェイは自分《じぶん》の得意《とくい》なジョークや料理《りょうり》でドラゴンを味方《みかた》にしようとしたが、うまくいかなかった。そこで得意《とくい》の発明《はつめい》を使《つか》い、ドラゴンのおたけびを大《おお》きくするための声《こえ》の増幅器《ぞうふくき》をつくってあげた。よろこんだドラゴンは、すっかりジェイになついたのだ。

イナズマ・ドラゴン

イナズマの守護神《しゅごしん》

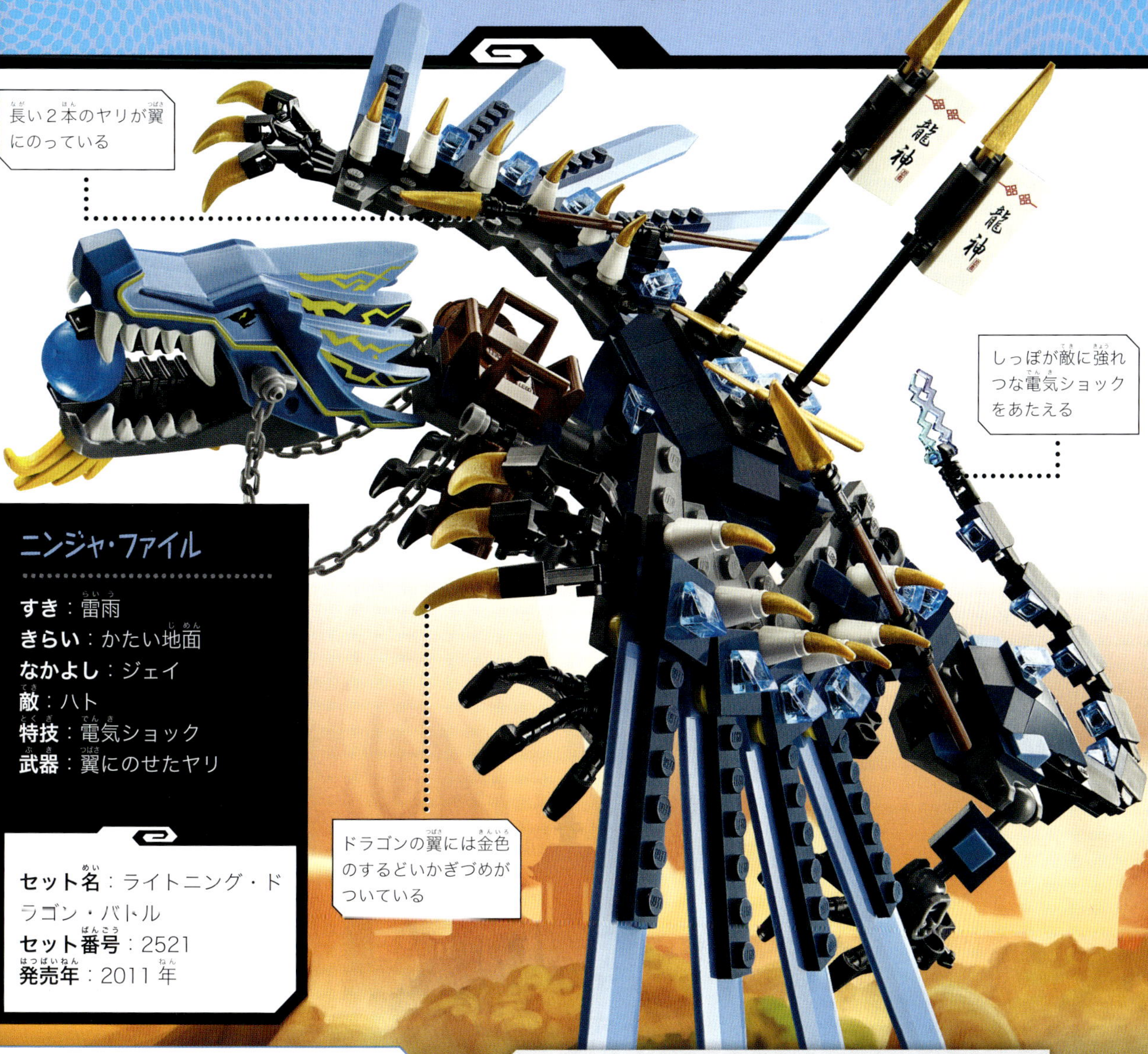

長《なが》い2本《ほん》のヤリが翼《つばさ》にのっている
しっぽが敵《てき》に強《きょう》れつな電気《でんき》ショックをあたえる
ドラゴンの翼《つばさ》には金色《きんいろ》のするどいかぎづめがついている
龍神

ニンジャ・ファイル

すき：雷雨《らいう》
きらい：かたい地面《じめん》
なかよし：ジェイ
敵《てき》：ハト
特技《とくぎ》：電気《でんき》ショック
武器《ぶき》：翼《つばさ》にのせたヤリ

セット名《めい》：ライトニング・ドラゴン・バトル
セット番号《ばんごう》：2521
発売年《はつばいねん》：2011年《ねん》

のぼり旗《ばた》

イナズマ・ドラゴンがかかげている2本《ほん》ののぼり旗《ばた》には、漢字《かんじ》で"龍《りゅう》神《じん》"と書《か》かれている。"龍《りゅう》"とはドラゴンのことで、昔《むかし》から青《あお》い龍《りゅう》は東《ひがし》を守《まも》る神《かみ》さまといわれている。

龍神
忍者

イナズマ・ドラゴンは、ウー先生《せんせい》が天空《てんくう》の廃墟《はいきょ》にかくしたゴールドのイナズマ・ヌンチャクを守《まも》っている。ジェイに心《こころ》をゆるしたこのドラゴンは、ウィスプと名《な》づけられた。ウィスプはジェイと同《おな》じように電気《でんき》のエネルギーをあやつることができ、イナズマのようにはやく動《うご》ける。

コールDX《ディーエックス》

大地《だいち》・ドラゴン・エクストリーム

ニンジャ・ファイル

すき：ドラゴン
きらい：ドラゴン（もう大丈夫《だいじょうぶ》だけどね！）
なかよし：ロッキー
敵《てき》：ホネホネ・アーミー
特技《とくぎ》：地震《じしん》をおこすこと
武器《ぶき》：大地《だいち》のカマ

セット名《めい》：コールDX《ディーエックス》、アース・ドラゴン、ニンジャゴー・バトル・アリーナ
セット番号《ばんごう》：2170、2509、2520
発売年《はつばいねん》：2011年《ねん》

まめ知識《ちしき》

DX《ディーエックス》ニンジャの道着《どうぎ》には、背中《せなか》にそれぞれの名《な》前《まえ》とエレメントをあらわす紋章《もんしょう》がプリントされているよ。

大地《だいち》のエレメント・パワーとひびきあう大地《だいち》のカマ

アース・ドラゴンのしっぽがプリントされている

エサでつる

アース・ドラゴンの心《こころ》を動《うご》かす一《いち》番《ばん》の近道《ちかみち》、それはおいしい食《た》べものだ。コールはドラゴンにスピードを上《あ》げさせたいとき、鼻《はな》の先《さき》においしそうなローストチキンをぶら下《さ》げる。

コールDX《ディーエックス》は、自分《じぶん》の一番《いちばん》こわいもの――ドラゴン――をクリアしてレベルアップすることができたコールのすがただ。真《しん》のリーダーらしく勇気《ゆうき》をふりしぼっておそれと向《む》きあい、ドラゴンのあやつり方《かた》を学《まな》ぶと、意外《いがい》にもドラゴンが大《だい》すきになった。そして強力《きょうりょく》な武器《ぶき》、大地《だいち》のカマの使《つか》い方《かた》をおぼえたのだ。

アース・ドラゴン

大地《だいち》の守護神《しゅごしん》

ニンジャ・ファイル

すき：悪者《わるもの》をたおすこと
きらい：はでな飛行術《ひこうじゅつ》
なかよし：コール
敵《てき》：なさけないホネホネ
特技《とくぎ》：破壊《はかい》
武器《ぶき》：石《いし》を投《な》げられるしっぽ

セット名《めい》：アース・ドラゴン
セット番号《ばんごう》：2509
発売年《はつばいねん》：2011 年《ねん》

まめ知識《ちしき》

ドラゴンの中《なか》で、あしが4本《ほん》なのはアース・ドラゴンだけなんだ。ほかのドラゴンはあしが2本《ほん》なんだよ。

コールがのるときに使《つか》うハーネスには旗《はた》がついている

あごから、敵《てき》に向《む》けて石《いし》のミサイルを発射《はっしゃ》する

ヨロイを着《き》たドラゴン

アース・ドラゴンのあしと翼《つばさ》は、ヨロイのようなうろこで守《まも》られており、体《からだ》にはとげが生《は》えている。角《つの》のある頭《あたま》は、どっしりした体《からだ》に合《あ》うように、ほかのドラゴンとはちがう型《かた》からつくられているんだ。

アース・ドラゴンは、ウー先生《せんせい》が絶望《ぜつぼう》の洞窟《どうくつ》にかくした大地《だいち》のカマを守《まも》っている。ニンジャたちがゴールドの武器《ぶき》をさがす旅《たび》の中《なか》で、さいしょに出会《であ》うエレメント・ドラゴンが、アース・ドラゴンだ。コールはアース・ドラゴンを手《て》なずけると、ロッキーという名《な》前《まえ》をつけた。

ゼン DX《ディーエックス》

アイス・ドラゴン・エクストリーム

まめ知識《ちしき》
ドラゴン・エクストリームの能力《のうりょく》をときはなつと、ニンジャたちのスピン術《じゅつ》のパワーが、もっと強《つよ》くなるんだ。

ゼンの顔《かお》をかくす、取《と》りはずしできるずきん
氷《こおり》の息《いき》をはきだすアイス・ドラゴンのもよう

ニンジャ・ファイル

すき：予定通《よていどお》りに行動《こうどう》すること
きらい：道《みち》にまようこと
なかよし：シャード
敵《てき》：フラクジョーとその一味《いちみ》
特技《とくぎ》：スピン術《じゅつ》
武器《ぶき》：黒《くろ》い刀《かたな》、アイス手裏剣《しゅりけん》

セット名《めい》：ゼン DX《ディーエックス》、アイス・ドラゴン
セット番号《ばんごう》：2171、2260
発売年《はつばいねん》：2011 年《ねん》

たづなを取《と》れ！
ゼンはバランス感《かん》がとびぬけてよいので、鞍《くら》なしでドラゴンの背中《せなか》にのることができる。ドラゴンの背中《せなか》の氷《こおり》をどけて、2本《ほん》の金属《きんぞく》のたづなを使《つか》ってうまくあやつるのだ。

ゼン DX《ディーエックス》とアイス・ドラゴンのクールなコンビを見《み》れば、ホネホネ・アーミーもおそろしくてぞっとするだろう！　けれどもドラゴンとの出会《であ》いは、ゼンにとっていやな思《おも》い出《で》だ。ドラゴンはゼンをこおらせ、氷《こおり》のかたまりにしてしまったのだ！それでもゼンは氷《こおり》をとかし、ドラゴンを手《て》なずけて、DX《ディーエックス》ニンジャにレベルアップしたのだった。

アイス・ドラゴン

アイスの守護神《しゅごしん》

ニンジャ・ファイル

すき：つめたい風《かぜ》
きらい：夏《なつ》
なかよし：ゼン
敵《てき》：炎《ほのお》のようなホネホネ・アーミーのメカ
特技《とくぎ》：敵《てき》をこおらせること
武器《ぶき》：するどいかぎづめ

セット名《めい》：アイス・ドラゴン
セット番号《ばんごう》：2260
発売年《はつばいねん》：2011 年《ねん》

まめ知識《ちしき》

アイス・ドラゴンはエレメント・ドラゴンの中《なか》で一番小《いちばんちい》さいけど、おそろしさではけっしてなかまに負《ま》けないぞ。

氷《こおり》の羽根《はね》におおわれた動《うご》く翼《つばさ》を、広《ひろ》げることができる
翼《つばさ》から、するどいとげがいくつもつきだしている
アイス・ボール

つめたい息《いき》

アイス・ドラゴンは、氷《こおり》のような息《いき》をはきだし、すべてをこおらせる。また、強《つよ》いあごを持《も》った口《くち》から、カチカチにこおったアイス・ボールを発射《はっしゃ》できる。

アイス・ドラゴンは、ウー先生《せんせい》が氷結《ひょうけつ》の荒野《こうや》にある氷《こおり》の神殿《しんでん》にかくした、ゴールドのアイス手裏剣《しゅりけん》を守《まも》っている。ゼンは、はじめて出《で》会《あ》ったときはドラゴンに氷《こおり》づけにされてしまったが、その後関係《ごかんけい》をもどし、アイス・ドラゴンとなかよくなる。そして手《て》なずけたドラゴンを、シャードと名《な》づけたのだ。

ニンジャvs《ブイエス》ヘビヘビ族《ぞく》

『レゴⓇニンジャゴー』のシーズン1では、毒《どく》を持《も》つ新《あら》たな敵《てき》、ヘビヘビ族《ぞく》があらわれる。14種類《しゅるい》のいかしたレゴⓇブロックのセットで、あのシーン、あのアクションがよみがえる。ページをめくれば、すべてのキャラクターの情報《じょうほう》がばっちりのっているぞ。さあ、最高《さいこう》にかっこいいニンジャたちに会《あ》おう！

それはどうかな
ニンジャめ!

ウー先生《せんせい》

飛行戦艦《ひこうせんかん》ニンジャゴーの船長《せんちょう》

ニンジャ・ファイル

すき：めいそう
きらい：じゃまされること
なかよし：心《こころ》をあらためた兄《あに》のガーマドン
敵《てき》：ヘビヘビ族《ぞく》
特技《とくぎ》：たくみなエレメント・パワーづかいとスピン術《じゅつ》
武器《ぶき》：“ボウ（棒《ぼう》）”という杖《つえ》

セット名《めい》：飛行戦艦《ひこうせんかん》ニンジャゴー
セット番号《ばんごう》：9446
発売年《はつばいねん》：2012年《ねん》

激闘《げきとう》ドラゴン・バトル（セット番号《ばんごう》9450）や天空《てんくう》の黄《おう》金神殿《こんしんでん》（セット番号《ばんごう》70505）のウー先生《せんせい》とにているが、笠《かさ》の色《いろ》がちがう

ヘビと邪悪《じゃあく》なものから身《み》を守《まも》るため、新《あたら》しい道着《どうぎ》にはヘビのもようがえがかれている

新《あたら》しいウー先生《せんせい》のミニフィギュアの帯《おび》は前《まえ》よりも色《いろ》が明《あか》るい

飛行戦艦《ひこうせんかん》ニンジャゴー

基地《きち》だった道場《どうじょう》をヘビヘビ族《ぞく》にこわされたニンジャたちは、荒野《こうや》で見《み》つけた古《ふる》い難破船《なんぱせん》を新《あたら》しい基地《きち》にした。この船《ふね》にはびっくりするような仕組《しく》みがいくつもかくされている。なんと、飛行機《ひこうき》にもなるんだ！

ウー先生《せんせい》は冷静《れいせい》で自分《じぶん》にきびしい、完《かん》ぺきな指導者《しどうしゃ》だ。長年《ながねん》の修行《しゅぎょう》で手《て》に入《い》れた知識《ちしき》を使《つか》ってニンジャを教《おし》え、彼《かれ》らをZX《ズィーエックス》（ゼン・エクストリーム）、ケンドー、NRG《エヌアールジー》という3つのレベルへと育《そだ》てあげた。前《まえ》よりも軽《かろ》やかな新《あたら》しい道着《どうぎ》をまとったウー先生《せんせい》は、難破船《なんぱせん》を基地《きち》にすることにした。もっともコールは船《ふね》が苦手《にがて》みたいだけど……。

コール ZX《ズィーエックス》

大地《だいち》・ゼン・エクストリーム

ニンジャ・ファイル

すき：広《ひろ》い道路《どうろ》
きらい：パンクすること
なかよし：ゼン
敵《てき》：ヘビヘビ族全員《ぞくぜんいん》
特技《とくぎ》：トレッド・アサルトを運転《うんてん》すること
武器《ぶき》：金色《きんいろ》のサイ

セット名《めい》：コールのトレッド・アサルト、ラシャのヘビヘビ・サイクル、ウルトラソニック・レイダー、スターター・セット 2012
セット番号《ばんごう》：9444、9447、9449、9579
発売年《はつばいねん》：2012 年《ねん》

まめ知識《ちしき》

ヘビヘビ族《ぞく》は聖《せい》なる笛《ふえ》のメロディーであやつれる。ゼンとコールはこのメロディーを武器《ぶき》として戦《たたか》ったんだ。

体《からだ》を守《まも》る革《かわ》のような胸《むね》あて
30087 番《ばん》のセットのバージョンでは、肩《かた》あてがない
ヘビヘビ族《ぞく》は、このサイという武器《ぶき》がとてもきらいだ

コールのトレッド・アサルト

この戦車《せんしゃ》はコールをあらわす色《いろ》である、黒色《くろいろ》にみえる。だがじつは、このボディの下《した》に草《くさ》むらにかくれるのにぴったりな、緑色《みどりいろ》の車体《しゃたい》がかくれている。これでヘビヘビに気《き》づかれずにしのびよることができるのだ。

コール ZX《ズィーエックス》は、長《なが》い間修行《あいだしゅぎょう》をつんで、ゼン・エクストリームのレベルへと上《あ》がったコールのすがただ。レベルアップのしるしとして、上半身《じょうはんしん》を守《まも》る銀色《ぎんいろ》のヨロイがつけられた。コールはリーダーとして、ほかのニンジャもゼン・エクストリームのレベルにたどりつけるよう、手助《てだす》けしたのだ。

ジェイ ZX《ズィーエックス》

イナズマ・ゼン・エクストリーム

ニンジャ・ファイル

すき：大空《おおぞら》
きらい：もたもたすること
なかよし：ZX《ズィーエックス》ニンジャ
敵《てき》：パイソー
特技《とくぎ》：ジェット機《き》の操縦《そうじゅう》
武器《ぶき》：銀色《ぎんいろ》の刀《かたな》

セット名《めい》：ヘビヘビ・トラック、ウルトラソニック・レイダー、激闘《げきとう》ドラゴン・バトル、ジェイZX《ズィーエックス》、ミニフィグバトルパック
セット番号《ばんごう》：9445、9449、9450、9553、850632
発売年《はつばいねん》：2012年《ねん》、2013年《ねん》

銀色《ぎんいろ》のヨロイは、後《うし》ろに2本《ほん》の刀《かたな》をさせるサヤがついている

ずきんの下《した》のジェイの顔《かお》は、13ページのミニフィギュアと同《おな》じく、キリっとしている

かたほうのうでが銀色《ぎんいろ》のヨロイでおおわれている

まめ知識《ちしき》

ストーム・ファイター（セット番号《ばんごう》9442）にのったジェイZX《ズィーエックス》は、戦《たたか》いでものすごいスピードを発揮《はっき》するんだ。

ZX《ズィーエックス》ニンジャの道着《どうぎ》

ZX《ズィーエックス》ニンジャの道着《どうぎ》は、とても動《うご》きやすくできている。9442番《ばん》と30085番《ばん》のセットのバージョンのジェイZX《ズィーエックス》には肩《かた》あてがついていないので、ストーム・ファイターにぴったりおさまるぞ。

ジェイZX《ズィーエックス》はレベルアップしたジェイのすがたで、これまでよりはやいスピードで戦《たたか》う。銀色《ぎんいろ》の刀《かたな》や道着《どうぎ》にかくされた短剣《たんけん》をあやつる動《うご》きは、あまりにもはやすぎて見《み》えないほどだ。ジェイは、新《あたら》しい技《わざ》をウー先生《せんせい》からたくさん学《まな》んだ。いにしえの武術《ぶじゅつ》の修行《しゅぎょう》をがんばったおかげで、ZX《ズィーエックス》ニンジャになれたといえるだろう。

カイ ZX《ズィーエックス》

ファイヤー・ゼン・エクストリーム

ニンジャ・ファイル

すき：自分《じぶん》のブレード・サイクルを運転《うんてん》すること
きらい：がまんすること
なかよし：ZX《ズィーエックス》ニンジャ
敵《てき》：パイソー
特技《とくぎ》：催眠術《さいみんじゅつ》にかからないこと
武器《ぶき》：刀《かたな》、手裏剣《しゅりけん》、金色《きんいろ》の短剣《たんけん》

セット名《めい》：カイのブレード・サイクル、ウルトラソニック・レイダー、カイ ZX《ズィーエックス》
セット番号《ばんごう》：9441、9449、9561
発売年《はつばいねん》：2012年《ねん》

ZX《ズィーエックス》ニンジャのずきんには金色《きんいろ》のかざりがついている
手裏剣《しゅりけん》を帯《おび》にはさんでいる
道着《どうぎ》の上《うえ》に体《からだ》を守《まも》る胸《むね》あてをつけている

空《そら》から攻撃《こうげき》

ヘビヘビ・コプター（セット番号《ばんごう》9443）に入《はい》っているバージョンのカイ ZX《ズィーエックス》は、ユニークな新《あたら》しい武器《ぶき》、ジェットパックを背負《せお》っている！これを背中《せなか》に取《と》りつけると、空中《くうちゅう》から敵《てき》を攻撃《こうげき》することができる。

空気抵抗調整《くうきていこうちょうせい》パネル

カイ ZX《ズィーエックス》は、ホネホネ・アーミーとの戦《たたか》いの後《あと》、修行《しゅぎょう》をかさねてレベルアップしたカイのすがただ。かっこいい道着《どうぎ》は、新《あたら》しい挑戦《ちょうせん》でも、敵《てき》でも、なんでもこいといったようすだ。ミニフィギュアにはヨロイや武器《ぶき》、それに戦《たたか》いのときにものが落《お》ちないようにしてくれる、2本《ほん》の赤《あか》いベルトがプリントされている。

ゼン ZX《ズィーエックス》

アイス・ゼン・エクストリーム

ニンジャ・ファイル

すき：スノーモービルの運転《うんてん》
きらい：感情《かんじょう》
なかよし：ジュリアン博士《はかせ》
敵《てき》：パイソー
特技《とくぎ》：空《そら》とぶウルトラソニック・レイダーを操縦《そうじゅう》すること
武器《ぶき》：アイス手裏剣《しゅりけん》

セット名《めい》：ベノマリ神社《じんじゃ》、ヘビヘビ・トラック、ウルトラソニック・レイダー、ゼンZX《ズィーエックス》、ミニフィグバトルパック
セット番号《ばんごう》：9440、9445、9449、9554、850632
発売年《はつばいねん》：2012 年《ねん》

まめ知識《ちしき》
ゼンをつくったジュリアン博士《はかせ》は、ニンドロイドだとわからないようにゼンの記憶《きおく》のスイッチを切《き》ったんだ。

幻《まぼろし》の剣《けん》（セット番号《ばんごう》30086）に入《はい》っているゼン ZX《ズィーエックス》のミニフィギュアは金色《きんいろ》のヨロイをつけていない

新《あたら》しい道着《どうぎ》の下《した》に白《しろ》いシャツを着《き》て、縄《なわ》の帯《おび》をしめている

あしに道着《どうぎ》のすそがプリントされている

アイス・マスター

ゼン ZX《ズィーエックス》は強力《きょうりょく》な武器《ぶき》、アイス手裏《しゅり》剣《けん》でどんなターゲットでもねらえるようになった。9445 番《ばん》のセットに入《はい》っている、オープンカースタイルのスノーモービルをすごいスピードで走《はし》らせながら、敵《てき》に手《しゅ》裏剣《りけん》を投《な》げつけるぞ！

ゼン ZX《ズィーエックス》のミニフィギュアの肩《かた》には金色《きんいろ》の肩《かた》あてが、ずきんには金色《きんいろ》のかざりがついている。新《あたら》しい金色《きんいろ》のヨロイは背中《せなか》に刀《かたな》を2本《ほん》つけられるから、2ひきのヘビヘビ族《ぞく》と一度《いちど》に戦《たたか》えるのだ。忍《しの》びの技《わざ》が得意《とくい》なゼンは、今《いま》やりっぱなゼン・エクストリームのニンジャだ。アイスのエレメント・パワーをあやつる力《ちから》は、さらにレベルアップしている。

サムライX《エックス》

秘密《ひみつ》の戦士《せんし》

ニンジャ・ファイル

すき：刀《かたな》さばきの練習《れんしゅう》
きらい：戦《たたか》いの場所《ばしょ》にくるなと言《い》われたり、相手《あいて》にされなかったりすること
なかよし：ジェイ
敵《てき》：ヘビヘビ族《ぞく》
特技《とくぎ》：ロボットづくり
武器《ぶき》：巨大《きょだい》なメカ・ソード

セット名《めい》：サムライ・ロボ、サムライX《エックス》
セット番号《ばんごう》：9448、9566
発売年《はつばいねん》：2012年《ねん》

攻撃《こうげき》から頭《あたま》を守《まも》るカブトの上《うえ》には、角《つの》のようなくわがたがついている
毒《どく》のきばの短《たん》剣《けん》の1本《ぽん》を、サムライX《エックス》はすでに見《み》つけていた！
顔《かお》と正体《しょうたい》をかくす赤《あか》いフェイス・ガード
体《からだ》を守《まも》るヨロイが赤《あか》い戦士《せんし》の道着《どうぎ》をおおっており、肩《かた》は長《なが》めにはりだしている

ロボットの戦《たたか》い

サムライ・ロボは、サムライX《エックス》に変《へん》そうしたニャーがあやつる巨大《きょだい》なロボットだ。大砲《たいほう》、ミサイル、敵《てき》をつぶすするどいかぎづめ、強力《きょうりょく》な刀《かたな》など、すごい武器《ぶき》を持《も》っているが、これでヘビヘビ族《ぞく》を追《お》いはらうことができるだろうか？

サムライのカブトでコックピットのニャーがかくれる

まめ知識《ちしき》
毒《どく》のきばの短剣《たんけん》がすべてそろわなければグレート・ヘビヘビが復活《ふっかつ》しないことを、ニャーは知《し》っているんだ。

サムライX《エックス》のフェイス・ガードの下《した》にかくれているのはだれなのか？　なんと、それはカイの妹《いもうと》、ニャーなのだ！　ジェイたちも正体《しょうたい》を知《し》っておどろいたが、すぐにニャーが自分《じぶん》たちと同《おな》じくらいすごい力《ちから》を持《も》っているのだと気《き》づく。ニャーから教《おそ》わることだってあるかもしれない。

ロイド・ガーマドン

ブラック・ガーマドンの息子《むすこ》

ニンジャ・ファイル

すき：トラブルをおこすこと
きらい：なかまはずれ
なかよし：ヘビヘビ族《ぞく》
敵《てき》：ニンジャ
特技《とくぎ》：まわりの人《ひと》たちをイライラさせること
武器《ぶき》：イナズマの短剣《たんけん》、金色《きんいろ》のコンストリクタイ族《ぞく》の杖《つえ》

セット名《めい》：ヘビヘビ・コプター、ヘビヘビ鉄球《てっきゅう》クレーン、ガーマドン小僧《こぞう》
セット番号《ばんごう》：9443、9457、9552
発売年《はつばいねん》：2012年《ねん》

フードつきのマントは取《と》りはずせる
コンストリクタイ族《ぞく》の杖《つえ》にはすごいパワーがあり、ロイドはちょっとビビっている

ふたつの顔《かお》

ロイドは、いたずらで人《ひと》をこまらせたかと思《おも》えば、父《ちち》親《おや》のパワーにおびえたりもする。ミニフィギュアのダブルフェイスからわかるとおり、ロイドの心《こころ》はゆれうごいているのだ。

やがて彼《かれ》が5番目《ばんめ》のニンジャになることをしめす数字《すうじ》

ロイド・ガーマドンは、父親《ちちおや》であるブラック・ガーマドンほどの悪党《あくとう》とはいえない。悪党養成学校《あくとうようせいがっこう》にかよっているが、ニンジャゴーの世界《せかい》をのっとることよりも、おかしやいたずらのほうに興味《きょうみ》しんしんだ。おさないロイドはうっかりヘビヘビ族《ぞく》をときはなち、力《ちから》もともなわないまま指導者《しどうしゃ》になってしまう。

グリーン・ニンジャ

すべてのエレメント・マスター

まめ知識《ちしき》
ロイドは魔法《まほう》のお茶《ちゃ》を飲《の》んで大《おお》きくなり、ほかのニンジャと同《おな》じ年《とし》になったんだ。あしも長《なが》くなったんだよ！

特別《とくべつ》な道着《どうぎ》の下《した》には、白《しろ》いシャツを着《き》ている
ヨロイのパーツは取《と》りはずしができる
道着《どうぎ》に銀色《ぎんいろ》のもようが入《はい》っている

ニンジャ・ファイル

すき：ヒーローになること
きらい：父親《ちちおや》と戦《たたか》うこと
なかよし：ニンジャ
敵《てき》：邪悪《じゃあく》な力《ちから》
特技《とくぎ》：４つのエレメント・パワーをあやつること
武器《ぶき》：金色《きんいろ》の刀《かたな》

セット名《めい》：激闘《げきとう》ドラゴン・バトル、ロイドZX《ズィーエックス》
セット番号《ばんごう》：9450、9574
発売年《はつばいねん》：2012年《ねん》

キモノバージョン
2012年《ねん》にDK《ディーケー》社《しゃ》から発売《はつばい》された『LEGO《レゴ》® NINJAGO《ニンジャゴー》: Character《キャラクター》 Encyclopedia《エンサイクロペディア》』には、キモノバージョンのグリーン・ニンジャの限定《げんてい》ミニフィギュアがついていた。

グリーン・ニンジャがあらわれ、闇《やみ》の力《ちから》と戦《たたか》うことになるだろう。このような予言《よげん》が、ニンジャゴーの世界《せかい》に古《ふる》くから伝《つた》えられていた。おどろいたことに、そのグリーン・ニンジャとは、ロイド・ガーマドンだった。ゴールドの武器《ぶき》の力《ちから》によって、ロイドはグリーン・ニンジャとなったのだ。

ケンドー・コール

武術《ぶじゅつ》の達人《たつじん》

ニンジャ・ファイル

すき：危険《きけん》をかわすこと
きらい：ヘビヘビの攻撃《こうげき》
なかよし：ウー先生《せんせい》
敵《てき》：ファンパイア族《ぞく》
特技《とくぎ》：アース・トルネード
武器《ぶき》：金色《きんいろ》の両刃《りょうば》のオノ、カマ

セット名《めい》：ヘビヘビ・ロボ、ヘビヘビ鉄球《てっきゅう》クレーン、ケンドー・コール
セット番号《ばんごう》：9455、9457、9551
発売年《はつばいねん》：2012年《ねん》

面《めん》は、アメフト選手《せんしゅ》のミニフィギュアのヘルメットにそっくり

ケンドー・コールの防具《ぼうぐ》の胴《どう》は、ぶあつくてがんじょう

黒《くろ》くておしゃれ！

鉄球《てっきゅう》クレーン

ヘビヘビ鉄球《てっきゅう》クレーンに立《た》ちむかうときも、ケンドー・コールのがんじょうな防具《ぼうぐ》ならだいじょうぶ。このクレーンはファンダム（63ページ）が運転《うんてん》しており、とげが生《は》えた重《おも》い鉄球《てっきゅう》でコールをたたきつぶそうとする！

まめ知識《ちしき》

ケンドー・コールは全部《ぜんぶ》で3種類《しゅるい》のセットに入《はい》っていて、ほかのケンドー・ニンジャよりひとつ多《おお》いんだよ。

ケンドー・コールは、ウー先生《せんせい》が教《おし》えてくれる武術《ぶじゅつ》、ケンドーを修行《しゅぎょう》するときのコールのすがただ。敵《てき》に勝《か》つために、つねに新《あたら》しい技《わざ》をおぼえようとするのがニンジャだ。ニンジャたちは、この武術《ぶじゅつ》をがんばって練習《れんしゅう》した。ケンドーの修行《しゅぎょう》ではけがをすることもあるため、面《めん》と胴《どう》という防具《ぼうぐ》を身《み》につけるのだ。

ケンドー・カイ

防具《ぼうぐ》をつけて戦《たたか》う

ニンジャ・ファイル

すき：勝負《しょうぶ》に勝《か》つこと
きらい：重《おも》い防具《ぼうぐ》
なかよし：ケンドー・ニンジャ
敵《てき》：ラトラ
特技《とくぎ》：上級《じょうきゅう》スピン術《じゅつ》、剣術《けんじゅつ》
武器《ぶき》：炎《ほのお》の剣《けん》

セット名《めい》：スピナー・バトル、トレーニング・セット
セット番号《ばんごう》：9456、9558
発売年《はつばいねん》：2012年《ねん》

胴《どう》の防具《ぼうぐ》のすきまから、真《ま》っ赤《か》なスカーフが見《み》える
顔《かお》に面《めん》の防具《ぼうぐ》をつけていても、はっきりものが見《み》える
はやく回転《かいてん》するためには、うすくて軽《かる》い防具《ぼうぐ》のほうがあっている

炎《ほのお》の剣《けん》

ケンドーでは、剣《けん》での戦《たたか》い方《かた》がとても大切《たいせつ》だ。カイはすでに炎《ほのお》の剣《けん》というゴールドの武器《ぶき》を使《つか》いこなすことができたので、ケンドーをおぼえるのもかんたんだった。カイはヘビヘビ・アリーナでラトラと戦《たたか》うことになる。

ケンドー・カイなら防具《ぼうぐ》と面《めん》を身《み》につけているから、剣《けん》でつかれたり、たたかれたりしてもへっちゃらだ。しかし、冷静《れいせい》さを失《うしな》わないようにしなければレベルアップすることはできない。ケンドー・ニンジャになるためには、これまでよりもすばやく動《うご》き、落《お》ちついて戦《たたか》わなければならないのだ。

ケンドー・ゼン

なにごとにも動《どう》じない

まめ知識《ちしき》

ケンドーは“剣《けん》”の武《ぶ》術《じゅつ》だ。ケンドーをする人《ひと》は、頭《あたま》とうでと胴体《どうたい》を守《まも》る防具《ぼうぐ》を身《み》につけて戦《たたか》うんだよ。

面《めん》は頭《あたま》だけではなく、首《くび》も守《まも》れるようにがんじょうにできている

敵《てき》と近《ちか》くで戦《たたか》うためのシンプルな銀色《ぎんいろ》のサイ

腰《こし》でむすんだ帯《おび》のはしっこが、あしにもプリントされている

ニンジャ・ファイル

すき：ウィンター・スポーツ
きらい：船《ふね》の難破《なんば》
なかよし：ジェイ、ウー先生《せんせい》
敵《てき》：スケールズ、スリスラ
特技《とくぎ》：バランスを取《と》ること
武器《ぶき》：銀色《ぎんいろ》のサイ、金色《きんいろ》のメイス、刀《かたな》

セット名《めい》：飛行戦艦《ひこうせんかん》ニンジャゴー、ケンドー・ゼン
セット番号《ばんごう》：9446、9563
発売年《はつばいねん》：2012 年《ねん》

組《く》みあわせ技《わざ》

ケンドーとスピン術《じゅつ》を組《く》みあわせた技《わざ》を長《なが》い金色《きんいろ》のメイスを持《も》ったまま決《き》めるためには、すぐれたバランス感《かん》がひつようだ。

ケンドー・ゼンは、防具《ぼうぐ》をつけたすがたが、まるでヘルメットをかぶったアイスホッケーの選手《せんしゅ》のようだ。ゼン自身《じしん》も、そのかっこよさにほれぼれしている。ニンジャたちの基地《きち》、飛行戦艦《ひこうせんかん》ニンジャゴーを攻撃《こうげき》してくるヘビヘビ族《ぞく》をむかえうつ準備《じゅんび》はばっちり。ゼンの防具《ぼうぐ》は軽《かる》いため、船《ふね》から落《お》ちても海《うみ》にしずむことはないのだ。

ケンドー・ジェイ

見《み》た目《め》も能力《のうりょく》も完《かん》ぺき

ニンジャ・ファイル

すき：船《ふね》、ダンス
きらい：おしおき
なかよし：たぶんロイド
敵《てき》：スケールズ、スリスラ
特技《とくぎ》：飛行戦艦《ひこうせんかん》ニンジャゴーのジェット機《き》をとばすこと
武器《ぶき》：闇《やみ》のかぎづめ、金色《きんいろ》のブレード、刀《かたな》

セット名《めい》：飛行戦艦《ひこうせんかん》ニンジャゴー、ケンドー・ジェイ・ブースターパック
セット番号《ばんごう》：9446、5000030
発売年《はつばいねん》：2012年《ねん》

スピン術《じゅつ》を使《つか》ってイナズマ・トルネードで高《たか》くとびあがり、金色《きんいろ》のブレードで空《くう》を切《き》る

がんじょうな肩《かた》あてには、みぞがついている

まめ知識《ちしき》

ニンジャたちが修行《しゅぎょう》しているケンドーという武《ぶ》術《じゅつ》は、“竹刀《しない》”という竹《たけ》でできた刀《かたな》を使《つか》って練習《れんしゅう》するんだよ。

ケンドー基地《きち》

秘密《ひみつ》の基地《きち》――飛行戦艦《ひこうせんかん》ニンジャゴーには、ニンジャたちがケンドーの練習《れんしゅう》をする場所《ばしょ》がたくさんある。もし基地《きち》がヘビヘビ族《ぞく》におそわれたなら、身《み》につけたケンドーの技《わざ》がいよいよためされることになる。

ケンドー・ジェイは、イナズマのようにはやく動《うご》けるその能力《のうりょく》にぴったりの、闇《やみ》のかぎづめと金色《きんいろ》のブレードを持《も》っている。ケンドーをマスターしたら、ニンジャはすきな武器《ぶき》を使《つか》えるようになるのだ。いつもとちがう防具《ぼうぐ》をつけても、ジェイのスピードは少《すこ》しも落《お》ちない。

パイソー・P《ピー》・チャムズワース

アナコンドライ族《ぞく》さいごの生《い》きのこり

ニンジャ・ファイル

すき：邪悪《じゃあく》な計画《けいかく》
きらい：自分《じぶん》の手《て》をよごすこと
なかよし：ヘビヘビ族《ぞく》の子分《こぶん》
敵《てき》：全員《ぜんいん》！
特技《とくぎ》：邪悪《じゃあく》な計画《けいかく》を立《た》てること
武器《ぶき》：毒《どく》のきばの短剣《たんけん》

セット名《めい》：ウルトラソニック・レイダー
セット番号《ばんごう》：9449
発売年《はつばいねん》：2012年《ねん》

アナコンドライ族《ぞく》の一《いち》番《ばん》の特《とく》ちょうは長《なが》い首《くび》

きばの生《は》えた口《くち》で、敵《てき》も味方《みかた》も食《た》べてしまう

パイソーはファンパイア族《ぞく》の毒《どく》のきばの短剣《たんけん》を手にしている

まめ知識《ちしき》

とじこめられたアナコンドライ族《ぞく》は共食《ともぐ》いし、みんなを食《た》べたパイソーは家来《けらい》がいない将軍《しょうぐん》になっちゃった！

絶対《ぜったい》にヘビを信《しん》じるな

パイソーは４つの毒《どく》のきばの短剣《たんけん》を全部《ぜんぶ》手《て》に入《い》れ、ついにグレート・ヘビヘビを目《め》ざめさせた。だが、次《つぎ》の瞬間《しゅんかん》、グレート・ヘビヘビが真《ま》っ先《さき》にパイソーを飲《の》みこんでしまった！

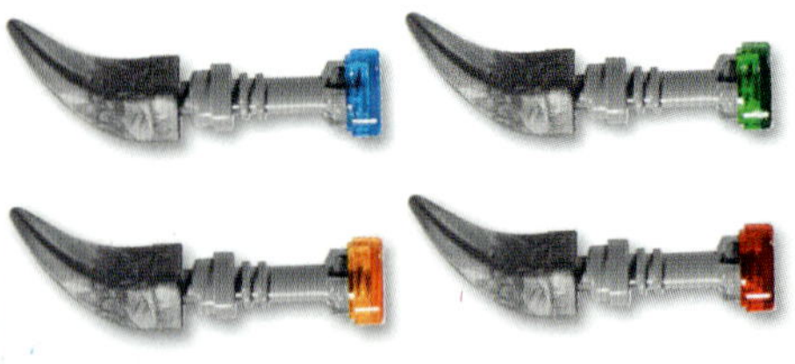

パイソー・P《ピー》・チャムズワースは、もっとも強《つよ》くおそれられているヘビヘビ族《ぞく》である、アナコンドライ族《ぞく》の将軍《しょうぐん》だ。しかし、今《いま》ではパイソーがアナコンドライ族《ぞく》でさいごの生《い》きのこりとなってしまった。パイソーは毒《どく》のきばの短剣《たんけん》を４つとも手《て》に入《い》れて、グレート・ヘビヘビを目《め》ざめさせ、ニンジャゴーの世界《せかい》を破壊《はかい》したいと思《おも》っている。

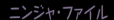

ブラック・ガーマドン

4本《ほん》のうでを持《も》つ敵《てき》

ニンジャ・ファイル

すき：悪《あく》を食《た》べること
きらい：チームワーク
なかよし：いない
敵《てき》：グレート・ヘビヘビ
特技《とくぎ》：武器《ぶき》を一度《いちど》にあやつること
武器《ぶき》：ゴールドの武器《ぶき》

セット名《めい》：飛行戦艦《ひこうせんかん》ニンジャゴー、激闘《げきとう》ドラゴン・バトル
セット番号《ばんごう》：9446、9450
発売年《はつばいねん》：2012年《ねん》

2本《ほん》のうでがついている上《うえ》の胴体《どうたい》は取《と》りはずせる

下《した》の胴体《どうたい》には、銀《ぎん》色《いろ》のもようが入《はい》っている

かつての敵《てき》との戦《たたか》い

4つのゴールドの武器《ぶき》を一度《いちど》にあやつれるのは、4本《ほん》うでのガーマドンだけだ。グレート・ヘビヘビにかまれてから邪悪《じゃあく》になったガーマドンは、グレート・ヘビヘビと戦《たたか》うニンジャたちの味方《みかた》をしてくれた。

まめ知識《ちしき》

このガーマドンは、ミニフィギュアの胴体《どうたい》の上《うえ》に、さらにもうひとつの胴体《どうたい》をつけてできているよ。

ブラック・ガーマドンが闇《やみ》の世界《せかい》から帰《かえ》ってきた！　ガーマドンは、今《いま》でもニンジャゴーの世《せ》界《かい》を支配《しはい》したがっており、邪悪《じゃあく》な計画《けいかく》をつぶしたニンジャたちに、仕返《しかえ》しをしたいと思《おも》っている。胴体《どうたい》が2個《こ》あって、うでも4本《ほん》ついている今《いま》のガーマドンはこれまで以上《いじょう》に強《つよ》い。でも、息子《むすこ》への愛《あい》のほうがもっと強《つよ》いかもしれない。

グレート・ヘビヘビ

ヘビヘビ族《ぞく》の王《おう》

ニンジャ・ファイル

すき：食《た》べること
きらい：消化不良《しょうかふりょう》
なかよし：ヘビヘビ族《ぞく》
敵《てき》：ニンジャ
特技《とくぎ》：食《た》べること
武器《ぶき》：ものすごく強《つよ》いあご

セット名《めい》：激闘《げきとう》ドラゴン・バトル
セット番号《ばんごう》：9450
発売年《はつばいねん》：2012 年《ねん》

まめ知識《ちしき》
伝説《でんせつ》によると、4つの毒《どく》のきばの短剣《たんけん》は、グレート・ヘビヘビのぬけおちたきばからつくられているみたいだ。

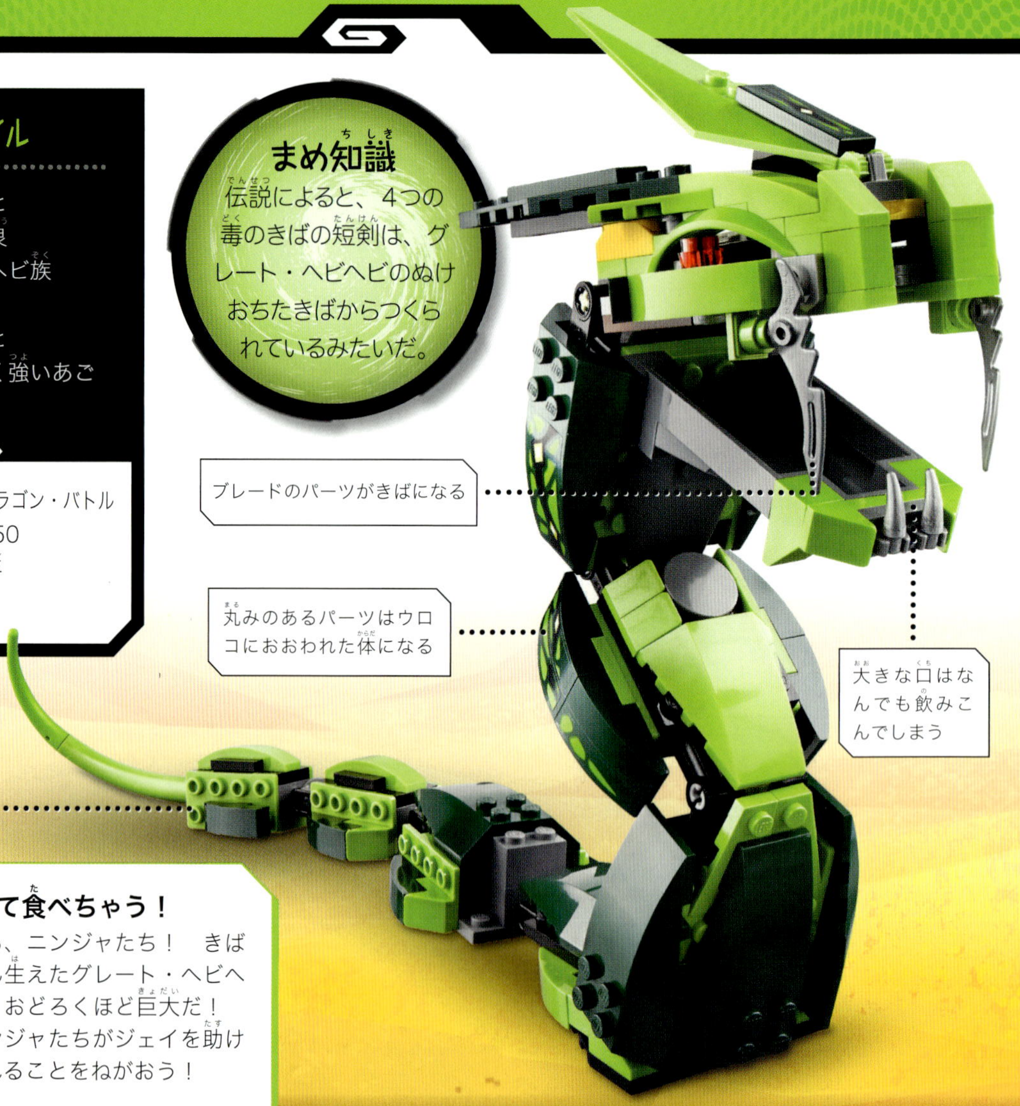

ブレードのパーツがきばになる

丸《まる》みのあるパーツはウロコにおおわれた体《からだ》になる

大《おお》きな口《くち》はなんでも飲《の》みこんでしまう

しっぽはすきな方《ほう》向《こう》に曲《ま》げられる

かみついて食《た》べちゃう！
気《き》をつけろ、ニンジャたち！　きばがたくさん生《は》えたグレート・ヘビヘビの口《くち》は、おどろくほど巨大《きょだい》だ！　ほかのニンジャたちがジェイを助《たす》けにきてくれることをねがおう！

グレート・ヘビヘビは長《なが》い間《あいだ》、ニンジャゴーの世界《せかい》に住《す》む人《ひと》びとから遠《とお》くはなれた場所《ばしょ》、失《うしな》われた都市《とし》であるウロボロスにとじこめられていた。しかし、パイソーはグレート・ヘビヘビを目《め》ざめさせる。この巨大《きょだい》なヘビをたおさなければ、ニンジャゴーの世界《せかい》はそのおそろしい口《くち》に飲《の》みこまれてしまうだろう。

ウルトラ・ドラゴン

4つの頭《あたま》を持《も》つ

ニンジャ・ファイル

すき：自立《じりつ》
きらい：長《なが》い間《あいだ》あやつられること
なかよし：グリーン・ニンジャ
敵《てき》：グレート・ヘビヘビ
特技《とくぎ》：４発《ぱつ》のミサイルを同時《どうじ》に発射《はっしゃ》すること
武器《ぶき》：４つの頭《あたま》としっぽ

セット名《めい》：激闘《げきとう》ドラゴン・バトル
セット番号《ばんごう》：9450
発売年《はつばいねん》：2012年《ねん》

まめ知識《ちしき》

ウルトラ・ドラゴンが持《も》つ4つの頭《あたま》は、イナズマ、大地《だいち》、炎《ほのお》、アイスの4頭《とう》のドラゴンのものなんだ。

ハンドルで翼《つばさ》を上《じょう》下《げ》に動《うご》かす

保護《ほご》シールドは笠《かさ》と同《おな》じパーツだ

ウルトラ・ドラゴンは４頭《とう》のエレメント・ドラゴンが脱皮《だっぴ》するために旅立《たびだ》っていった後《あと》にあらわれた。ドラゴンたちは合体《がったい》し、４つの頭《あたま》を持《も》つ１頭《とう》の強力《きょうりょく》なドラゴンに変身《へんしん》したのだ。この巨大《きょだい》なドラゴンは翼《つばさ》をはためかせたり、しっぽをふったりすることができる。背中《せなか》にはグリーン・ニンジャのロイドがまたがり、思《おも》いのままに操縦《そうじゅう》する。

ヘビヘビとの戦《たたか》い

グリーン・ニンジャのロイドがウルトラ・ドラゴンにのり、グレート・ヘビヘビと戦《たたか》うぞ！　ニンジャたちはヘビヘビの注《ちゅう》意《い》をそらし、ブラック・ガーマドンがとどめをさせるようにする。

ニンジャ
なんて、もうおし、
し、し、まいよ!

ぬめぬめとした
ヘビヘビ族《ぞく》のように
なるためには？

種族特有《しゅぞくとくゆう》のパワーを身《み》につけること

どうもうでずるがしこく、いやしくなること

きばをとがらせておくこと

どんなときも将軍《しょうぐん》の命令《めいれい》にしたがうこと

アシディカス

ベノマリ族《ぞく》の将軍《しょうぐん》

まめ知識《ちしき》

ベノマリ族《ぞく》の毒《どく》にやられるとまぼろしが見《み》える。ベノマリ族《ぞく》の特別《とくべつ》な杖《つえ》には解毒剤《げどくざい》の小《こ》びんがついている。

アシディカスは、左右《さゆう》にもきばが2本《ほん》生《は》えている

ヘビヘビ族《ぞく》の将軍《しょうぐん》は全員《ぜんいん》、あしのかわりにヘビのしっぽが生《は》えている

ニンジャ・ファイル

すき：悪《あく》の武器《ぶき》
きらい：毒《どく》がたりないこと
なかよし：ほかのヘビヘビ族《ぞく》の将軍《しょうぐん》
敵《てき》：ときどき、スカリドール
特技《とくぎ》：独創的《どくそうてき》な思考《しこう》
武器《ぶき》：毒《どく》のきばの短剣《たんけん》

セット名《めい》：激闘《げきとう》ドラゴン・バトル
セット番号《ばんごう》：9450
発売年《はつばいねん》：2012年《ねん》

4本《ほん》のうちの1本《ぽん》

ヘビヘビ族《ぞく》の4つの種族《しゅぞく》には古《ふる》い毒《どく》のきばの短剣《たんけん》が1本《ぽん》ずつ伝《つた》わっている。アシディカスの使《つか》う短剣《たんけん》には、毒《どく》の入《はい》った緑色《みどりいろ》の小《こ》びんがついているのだ。

アシディカスは、ベノマリ族《ぞく》の将軍《しょうぐん》でとてもずるがしこい。ベノマリ族《ぞく》は、毒《どく》が入《はい》った小《こ》びんを余分《よぶん》に持《も》っているため、戦《たたか》いのときに毒《どく》がなくなることがないのだ。なんとずるがしこいのだろうか！頭《あたま》のいいアシディカスが予備《よび》の小《こ》びんをどこにかくしているのかは、だれも知《し》らない。アシディカスのしっぽにはポケットがあるのかも！

リザル

ベノマリ族《ぞく》の兵士《へいし》

ニンジャ・ファイル

すき：沼《ぬま》にあるわが家《や》
きらい：事件《じけん》がおきない日《ひ》
なかよし：アシディカス
敵《てき》：沼《ぬま》に入《はい》りこんでくるもの
特技《とくぎ》：強力《きょうりょく》な毒薬《どくやく》づくり
武器《ぶき》：両刃《りょうば》のオノ

セット名《めい》：リザル
セット番号《ばんごう》：9557
発売年《はつばいねん》：2012年《ねん》

邪悪《じゃあく》な黄色《きいろ》い眼《め》が2個《こ》ずつ顔《かお》の側面《そくめん》についている
頭《あたま》には特《とく》ちょう的《てき》なしまもよう
胴体《どうたい》はベノマリ族《ぞく》のほかの兵士《へいし》と同《おな》じく、ウロコにおおわれていてきずだらけ

まめ知識《ちしき》

頭《あたま》の形《かたち》で、そのヘビヘビがどのくらいえらいかわかる。でっぱったリザルの頭《あたま》は、高《たか》い地位《ちい》をあらわすんだ。

危険《きけん》な沼《ぬま》

ベノマリ族《ぞく》は口《くち》から毒《どく》をふきだすだけではない。彼《かれ》らの沼《ぬま》のすみかも毒《どく》だらけだ！　近《ちか》づくと、ニンジャが気絶《きぜつ》してしまうくらい危険《きけん》だぞ。

リザルは、4本《ほん》のきばを持《も》っており、アシディカスの次《つぎ》にえらい兵士《へいし》だ。リザルは薬《くすり》をつくる仕事《しごと》をしており、ほかのヘビヘビ族《ぞく》のために強力《きょうりょく》な毒薬《どくやく》を生《う》みだす。そして毒薬《どくやく》をつくっていないときは、トラブルをつくっている。計画《けいかく》を立《た》てるのに夢中《むちゅう》になりすぎて、長《なが》い間食事《あいだしょくじ》をとらないこともめずらしくない。

スピッタ

ベノマリ族《ぞく》の兵士《へいし》

ニンジャ・ファイル

すき：ごちそう
きらい：食《た》べものが少《すく》ないこと
なかよし：アシディカス
敵《てき》：ヘビヘビ族《ぞく》以《い》外《がい》全員《ぜんいん》
特技《とくぎ》：まぼろしを見《み》せること
武器《ぶき》：銀色《ぎんいろ》のメイス

セット名《めい》：ウルトラソニック・レイダー、スピッタ
セット番号《ばんごう》：9449、9569
発売年《はつばいねん》：2012 年《ねん》

緑色《みどりいろ》と赤色《あかいろ》のもようは、ベノマリ族《ぞく》の兵士《へいし》たちの特《とく》ちょうだ

銀色《ぎんいろ》のメイスには毒《どく》はついていないが、攻撃《こうげき》されるとチクリとする

毒《どく》を売《う》るもの

スピッタはアシディカスがつくった小《こ》びんにあまった毒《どく》をため、それをなかまに売《う》っている。ほかのヘビヘビたちは毒《どく》をつくれないときがあるのだ。毒《どく》の小《こ》びんを手《て》に入《い》れたヘビヘビたちは、それをつけた特別《とくべつ》な武器《ぶき》を持《も》って戦《たたか》いに向《む》かうんだ。

スピッタのきばは大《おお》きすぎるため、口《くち》をとじることができない。だからスピッタはたくさんよだれをたらし、いろんな所《ところ》で毒《どく》をこぼす。ウエーッ！　なんて気《き》持《も》ち悪《わる》いのだろう！　けれども戦《たたか》いのときには、それが強《つよ》みになる。毒《どく》をまきちらすスピッタは、みんなにおそれられているんだ。

ラシャ

ベノマリ族《ぞく》の偵察兵《ていさつへい》

まめ知識《ちしき》
ラシャは頭《あたま》の上《うえ》にラトラ（69ページ）と同《おな》じパーツをつけているけど、ラシャはライムグリーンでラトラは灰色《はいいろ》。

戦《たたか》いで眼《め》をひとつ失《うしな》った

小《こ》びんをつるしておくベルト

ニンジャ・ファイル

すき：スパイごっこ
きらい：おかし
なかよし：なかまの偵察兵《ていさつへい》――ラトラ
敵《てき》：用心深《ようじんぶか》いゼン
特技《とくぎ》：忍《しの》びの技《わざ》
武器《ぶき》：ぬすんだブレード

セット名《めい》：ラシャのヘビヘビ・サイクル、ラシャ
セット番号《ばんごう》：9447、9562
発売年《はつばいねん》：2012 年《ねん》

ヘビヘビ・サイクル
こそこそするのが得意《とくい》なラシャは、ベノマリ族《ぞく》の偵察兵《ていさつへい》にうってつけだ。ラシャはおそろしいヘビヘビ・サイクルで敵《てき》の動《うご》きをさぐり、情報《じょうほう》を集《あつ》める。

ラシャはかたほうの眼《め》を失《うしな》ってはいるが、ベノマリ族《ぞく》の中《なか》で一番優秀《いちばんゆうしゅう》な偵察兵《ていさつへい》だ。敵《てき》のようすをうかがい、自分《じぶん》たちが攻撃《こうげき》できるターゲットをさがす。ラシャはするどいきばを持《も》っているが、思《おも》ったより役《やく》に立《た》たない。小《ちい》さすぎてあまり毒《どく》が出《で》ないし、子《こ》どものころにおかしを食《た》べすぎたため、今《いま》でも虫歯《むしば》がいたむのだ。

ファントム

ファンパイア族《ぞく》の将軍《しょうぐん》

ふたつの小《ちい》さな頭《あたま》がひとつの首元《くびもと》から生《は》えている
ヘビヘビ族《ぞく》のほかの将《しょう》軍《ぐん》と同《おな》じく、ファントムにもしっぽがある

ニンジャ・ファイル

すき：複雑《ふくざつ》な作戦《さくせん》を計画《けいかく》すること
きらい：ぐちゃぐちゃなこと
なかよし：スケールズ
敵《てき》：ウー先生《せんせい》
特技《とくぎ》：強《つよ》いリーダーシップを発揮《はっき》すること
武器《ぶき》：金色《きんいろ》のファンパイア族《ぞく》の杖《つえ》

セット名《めい》：ヘビヘビ・トラック
セット番号《ばんごう》：9445
発売年《はつばいねん》：2012年《ねん》

金色《きんいろ》のファンパイア族《ぞく》の杖《つえ》

ファンパイア族《ぞく》の将軍《しょうぐん》であるファントムは、金色《きんいろ》の杖《つえ》を持《も》ちあるいている。この杖《つえ》にはファンパイア族《ぞく》の毒《どく》を消《け》す薬《くすり》の小《こ》びんがついており、かざりのはしっこはヘビのしっぽのように杖《つえ》にまきついているんだ。

ファントムは、以前敵《いぜんてき》にかみついてヘビヘビに変《か》えようとしたときに、うっかり自分《じぶん》をかんでしまった。自分《じぶん》の毒《どく》のせいで、１個《こ》だった頭《あたま》が小《ちい》さな２個《こ》の頭《あたま》に分《わ》かれてしまったのだ。けれど頭《あたま》が２個《こ》あれば、ふたつの口《くち》でかみつくことができる。ファントムは種族《しゅぞく》の中《なか》で一番《いちばん》のもの知《し》りであり、ニンジャにとっては２倍《ばい》やっかいな相手《あいて》だ。

ファンダム

ファンパイア族《ぞく》の兵士《へいし》

まめ知識《ちしき》

ファンダムは頭《あたま》がふたつなのに、どちらの口《くち》もしゃべれない。シャーッと音《おと》を出《だ》したりさけんだりするだけだ。

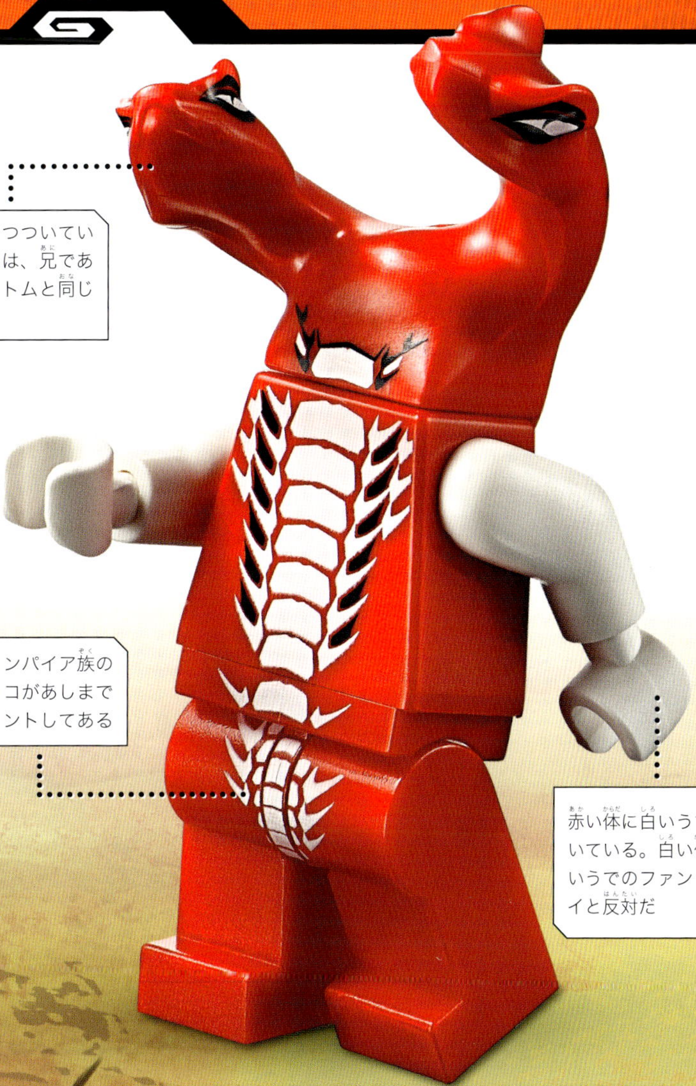
頭《あたま》がふたつついているパーツは、兄《あに》であるファントムと同《おな》じものだ
ファンパイア族《ぞく》のウロコがあしまでプリントしてある
赤《あか》い体《からだ》に白《しろ》いうでがついている。白《しろ》い体《からだ》に赤《あか》いうでのファン・スエイと反対《はんたい》だ

ニンジャ・ファイル

すき：ニンジャに勝《か》つこと
きらい：考《かんが》えを聞《き》いてもらえないこと
なかよし：ファントム
敵《てき》：しつこいニンジャ
特技《とくぎ》：兄《あに》を助《たす》けること
武器《ぶき》：吸血《きゅうけつ》サイドキック

セット名《めい》：ヘビヘビ・トラック、ヘビヘビ鉄球《てっきゅう》クレーン、ファンダム
セット番号《ばんごう》：9445、9457、9571
発売年《はつばいねん》：2012年《ねん》

ヘビヘビ・トラック

ファンダムは自分《じぶん》の毒《どく》を使《つか》ってトラックをグレードアップし、ヘビのような特《とく》ちょうを持《も》たせた。ヘビヘビ・トラックの巨大《きょだい》な頭《あたま》のあごは、あけしめできる。ニンジャをつかまえるのにぴったりだ。

ファンダムはファンパイア族《ぞく》の軍隊《ぐんたい》で2番目《ばんめ》にえらい兵士《へいし》だ。ファン・スエイというなかまのヘビヘビが、昔《むかし》ファンダムをナメクジとまちがえてかんだことがあった。それでファンダムにはもう1個頭《こあたま》が生《は》えたのだ。ファントムとそっくりな理由《りゆう》はそれだけではない。ファンダムはファントムの弟《おとうと》なのだ。

ファン・スエイ

ファンパイア族《ぞく》の兵士《へいし》

特《とく》ちょう的《てき》な頭《あたま》の形《かたち》と、長《なが》い首《くび》はチョークン（72 ページ）と同《おな》じだが、色《いろ》はファンパイア族《ぞく》のものだ

きばでできたユニークなネックレス

まめ知識《ちしき》

ファンパイア族《ぞく》のヘビヘビにかまれると、その毒《どく》でだれでも、どんなものでもヘビになってしまうんだよ。

ニンジャ・ファイル

すき：くだもの
きらい：砂《さ》ばくのあつさ
なかよし：ファンパイア族《ぞく》——彼《かれ》らをかむまでは
敵《てき》：ニンジャ
特技《とくぎ》：ヘビヘビ・ロボを運転《うんてん》すること、ヘビヘビ・コプターを操縦《そうじゅう》すること
武器《ぶき》：バナナ

セット名《めい》：ヘビヘビ・コプター、ヘビヘビ・ロボ、ファン・スエイ
セット番号《ばんごう》：9443、9455、9567
発売年《はつばいねん》：2012 年《ねん》

どうもうなロボット

ヘビヘビ・ロボは、ファン・スエイが戦《たたか》うときに使《つか》うロボットだ。この機械《きかい》の化《ば》けものには、きば、ターゲットをつかむ手《て》、毒《どく》ミサイルの発射機《はっしゃき》がついており、ファン・スエイがあやつる。

ファン・スエイはとてもおそろしいヘビヘビだ。ファンパイア族《ぞく》の兵士《へいし》の中《なか》で一番強《いちばんつよ》く、どんな命令《めいれい》にもすぐにしたがう。しばらくなにも食《た》べていなかったのでいつもおなかがぺこぺこで、目《め》の前《まえ》のものをなんでも食《た》べてしまう。その大《おお》きなきばでひとかみされたら、人間《にんげん》でもメカでもヘビヘビに変《か》わってしまうのだ。

スナッパ

ファンパイア族《ぞく》の偵察兵《ていさつへい》

まめ知識《ちしき》

スナッパは偵察兵《ていさつへい》だけど、狙撃兵《そげきへい》でもあるんだ。だから、敵《てき》を見《み》つけてつかまえるのがすごく上手《じょうず》なんだよ。

ミニフィギュアの頭《あたま》に、毒《どく》ヘビのようなパーツがついている
スナッパのきばのネックレスは、ファン・スエイよりきばの数《かず》が少《すく》ない
手《て》もあしも真《ま》っ白《しろ》

ニンジャ・ファイル

すき：怒鳴《どな》ること
きらい：しずかにすること
なかよし：いない
敵《てき》：ジェイ
特技《とくぎ》：たくさんの武器《ぶき》を同時《どうじ》に使《つか》って戦《たたか》うこと
武器《ぶき》：ファンパイア族《ぞく》の杖《つえ》(一時的《いちじてき》)

セット名《めい》：ジェイのストーム・ファイター、スナッパ
セット番号《ばんごう》：9442、9564
発売年《はつばいねん》：2012 年《ねん》

ジェイとの戦《たたか》い

ジェイのストーム・ファイター（セット番号《ばんごう》 9442）では、スナッパはヘビヘビ族《ぞく》の神殿《しんでん》にむかい、ファンパイア族《ぞく》の杖《つえ》を取《と》りもどそうとするジェイに、戦《たたか》いをいどむのだった。

スナッパは、ファンパイア族《ぞく》の偵察兵《ていさつへい》で、短気《たんき》なことで有名《ゆうめい》だ。また、すぐおこるし頭《あたま》が悪《わる》いため、だれもスナッパをすきになれず、あまり人気《にんき》がない。スナッパはたいていまずかみついて、それからのことは後《あと》で考《かんが》える。もちろん、かみつかれた相手《あいて》にとっては、たまったものではない！

スケールズ

ヒプノブライ族《ぞく》の将軍《しょうぐん》

コブラのような青《あお》いずきん

ホコでほかの武器《ぶき》をうばったりする

ニンジャ・ファイル

すき：権力《けんりょく》をにぎること
きらい：役立《やくた》たずのリーダー
なかよし：ファンパイア族《ぞく》の将軍《しょうぐん》であるファントム
敵《てき》：スリスラ、ニンジャ
特技《とくぎ》：ファンコンドー
武器《ぶき》：ホコ、金色《きんいろ》のヒプノブライ族《ぞく》の杖《つえ》

セット名《めい》：コールのトレッド・アサルト、飛行戦艦《ひこうせんかん》ニンジャゴー
セット番号《ばんごう》：9444、9446
発売年《はつばいねん》：2012年《ねん》

まめ知識《ちしき》

なかが悪《わる》いヘビヘビ族《ぞく》たちだけど、ヒプノブライ族《ぞく》とファンパイア族《ぞく》はなかよしだったときもあったんだ。

催眠術《さいみんじゅつ》

ヒプノブライ族《ぞく》の将軍《しょうぐん》になったスケールズは、種族《しゅぞく》に昔《むかし》から伝《つた》わる金《きん》色《いろ》の杖《つえ》を守《まも》る。ヒプノブライ族《ぞく》は催《さい》眠術《みんじゅつ》をかけられる強力《きょうりょく》な眼《め》を持《も》っていて、この杖《つえ》にはその催眠術《さいみんじゅつ》をとく薬《くすり》が入《はい》っている。

スケールズは、ヘビヘビ族《ぞく》の中《なか》でもきわめて強《つよ》く、権力《けんりょく》を手《て》に入《い》れるというねがいをかなえるため、いつもチャンスをうかがっている。スケールズはいにしえの武術《ぶじゅつ》であるファンコンドーの達人《たつじん》だ。そして、つめたい心《こころ》を持《も》ち、とても計《けい》算高《さんだか》い。スリスラ将軍《しょうぐん》と戦《たたか》って勝《か》ち、ついにヒプノブライ族《ぞく》のリーダーになったのだ。

スリスラ

ヒプノブライ族《ぞく》の前将軍《ぜんしょうぐん》

まめ知識《ちしき》

ヒプノブライ族《ぞく》はコブラみたいだ。ロイドにときはなたれるまで、ずっと雪山《ゆきやま》にとじこめられていたんだよ。

金色《きんいろ》の杖《つえ》をスケールズにとられたため、スリスラは金《きん》色《いろ》のブレードでがまんしている

青色《あおいろ》と黄色《きいろ》のヒプノブライ族《ぞく》のうずまきもようが、頭《あたま》と胴体《どうたい》とあしをかざっている

ニンジャ・ファイル

すき：シンプルなくらし
きらい：反乱《はんらん》
なかよし：ロイド・ガーマドン
敵《てき》：スケールズ
特技《とくぎ》：聞《き》いてもらえない命《めい》令《れい》を出《だ》すこと
武器《ぶき》：毒《どく》のきばの短剣《たんけん》

セット名《めい》：飛行戦艦《ひこうせんかん》ニンジャゴー、スリスラ
セット番号《ばんごう》：9446、9573
発売年《はつばいねん》：2012年《ねん》

眼《め》を見《み》ちゃだめ！

スリスラがロイド・ガーマドンに催《さい》眠術《みんじゅつ》をかけようとしたとき、氷《こおり》の表《ひょう》面《めん》にうつった自分《じぶん》と眼《め》が合《あ》ってしまい、自分《じぶん》の催眠術《さいみんじゅつ》がかかってしまった！　そのときからスリスラは、おさないロイドにあやつられるようになったのだ。

スリスラは2番手《ばんて》だったスケールズに負《ま》けてしまい、将軍《しょうぐん》という地位《ちい》としっぽを失《うしな》った。またあしが生《は》えたスリスラとはぎゃくに、スケールズにはしっぽが生《は》えた。そして、兵士《へいし》へと落《お》ちてしまったスリスラは、自分《じぶん》の地位《ちい》をうばってリーダーとなったスケールズに忠《ちゅう》誠《せい》をちかわなくてはならないのだ。

メズモ

ヒプノブライ族《ぞく》の兵士《へいし》

ニンジャ・ファイル

すき：自分《じぶん》の思《おも》いどおりにすること
きらい：ロイド・ガーマドンに命令《めいれい》されること
なかよし：野心家《やしんか》のスケールズ
敵《てき》：ロイド・ガーマドン
特技《とくぎ》：催眠術《さいみんじゅつ》をかけること
武器《ぶき》：金色《きんいろ》の両刃《りょうば》のオノ

セット名《めい》：メズモ
セット番号《ばんごう》：9555
発売年《はつばいねん》：2012 年《ねん》

2本《ほん》の大《おお》きなきばが口《くち》からつきでている

青色《あおいろ》と黄色《きいろ》と灰色《はいいろ》の組《く》みあわせは、ヒプノブライ族《ぞく》の兵士《へいし》の特《とく》ちょうだ

まめ知識《ちしき》

メズモは、自分《じぶん》がヒプノブライ族《ぞく》の中《なか》でもっと高《たか》い地位《ちい》につくべきだと思《おも》っていて、出世《しゅっせ》したがっているんだ。

きばの生《は》えたオノ

メズモは、さまざまな武器《ぶき》をあやつることができるので、自分《じぶん》がほしい武器《ぶき》はなにがなんでも手《て》に入《い》れようとする。きばの生《は》えた金色《きんいろ》の両刃《りょうば》のオノを使《つか》って、気高《けだか》いヒプノブライ族《ぞく》をロイド・ガーマドンから自由《じゆう》にしようとしている。

メズモはほかのヒプノブライ族《ぞく》のように、敵《てき》に催眠術《さいみんじゅつ》をかけて思《おも》いどおりに動《うご》かすことができるんだ。だから、気《き》をつけて！　彼《かれ》のぐるぐるとうずまく赤《あか》い眼《め》をじっと見《み》てはいけない。そのうえメズモはヒプノブライ族《ぞく》の中《なか》でも頭《あたま》がよくいつも自信《じしん》まんまんで、自分《じぶん》がなっとくできない命令《めいれい》にはしたがわないのだ。

ラトラ

ヒプノブライ族《ぞく》の偵察兵《ていさつへい》

ニンジャ・ファイル

すき：歌《うた》うこと（下手《へた》）
きらい：催眠術《さいみんじゅつ》の練習《れんしゅう》
なかよし：なかまのヒプノブライ族《ぞく》の偵察兵《ていさつへい》
敵《てき》：カイとニンジャ
特技《とくぎ》：スピン術《じゅつ》
武器《ぶき》：ヤリ、金色《きんいろ》のダーク・ブレード

セット名《めい》：カイのブレード・サイクル、スピナー・バトル、スターター・セット、ラトラ、キャラクターカード神社《じんじゃ》
セット番号《ばんごう》：9441、9456、9579、30088、850445
発売年《はつばいねん》：2012年《ねん》

催眠術《さいみんじゅつ》をかける赤《あか》い眼《め》
ヒプノブライ族《ぞく》は、みんな頭《あたま》のてっぺんから変《か》わったもようが入《はい》っている
ラトラは武器《ぶき》を持《も》つと、とても強《つよ》い兵士《へいし》になる

スピナー・バトル

9456番《ばん》のセットでは、ケンドー・カイとラトラが1対《たい》1で戦《たたか》う。セットには武器《ぶき》ラックがついており、ふたりはそこにある7つの武器《ぶき》の中《なか》からすきなものをえらべる。ラトラはブレードをえらんだみたいだ。

ラトラのスピナーには、ヘビの頭《あたま》のかざりと、ヒプノブライ族《ぞく》のもようがついている

ラトラはヒプノブライ族《ぞく》の軍隊《ぐんたい》の偵察兵《ていさつへい》で、一《いち》番《ばん》の下《した》っぱだ。頭《あたま》はあまりよくないが、すなおに命令《めいれい》にしたがう。ラトラも催眠術《さいみんじゅつ》を使《つか》うことができるが、パワーがそれほど強《つよ》くない。そのかわりに、敵《てき》をとまどわせるために、歌《うた》ったりお話《はなし》を聞《き》かせたりして相手《あいて》をねむらせようとするのだ。

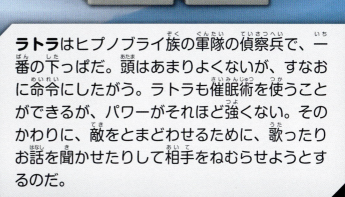

スカリドール

コンストリクタイ族《ぞく》の将軍《しょうぐん》

銀色《ぎんいろ》のとげがたくさんついた、特《とく》ちょう的《てき》な頭《あたま》をしている

とがったヤリと両刃《りょうば》のオノがセットになっている武器《ぶき》で、さまざまな使《つか》い方《かた》ができる

まめ知識《ちしき》

コンストリクタイ族《ぞく》は地下《ちか》に住《す》んでいる。すごく重《おも》いから彼《かれ》らが地上《ちじょう》で動《うご》くと地面《じめん》がひびわれてしまうんだ。

ニンジャ・ファイル

すき：くつろぐこと
きらい：はやく動《うご》くこと
なかよし：アシディカス将軍《しょうぐん》
敵《てき》：ウルトラ・ドラゴン
特技《とくぎ》：敵《てき》の上《うえ》にすわること
武器《ぶき》：両刃《りょうば》の戦闘用《せんとうよう》オノ

セット名《めい》：激闘《げきとう》ドラゴン・バトル
セット番号《ばんごう》：9450
発売年《はつばいねん》：2012年《ねん》

戦《たたか》いにうえたヘビ

スカリドールはベノマリ族《ぞく》のアシディカス将軍《しょうぐん》といっしょに戦《たたか》いを進《すす》めた。ヘビヘビ族《ぞく》は、ニンジャゴーの世界《せかい》を支配《しはい》したがっているのだ。グレート・ヘビヘビとヘビヘビ族《ぞく》をむかえうつのは、ウルトラ・ドラゴンとニンジャたちだ。

スカリドールは、太《ふと》っているがとてもパワフルなコンストリクタイ族《ぞく》の将軍《しょうぐん》だ。同《おな》じ種族《しゅぞく》のほかのヘビヘビのようにすばやくは動《うご》けないものの、一発《いっぱつ》で敵《てき》をたたきつぶしたり、体重《たいじゅう》でおしつぶしたりできる。けれども、そんなスカリドールの見《み》た目《め》にだまされてはならない。スカリドールの反射神経《はんしゃしんけい》はばつぐんなのだ。

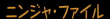

バイター

コンストリクタイ族《ぞく》の兵士《へいし》

まめ知識《ちしき》

コンストリクタイ族《ぞく》はボア・コンストリクターという種類《しゅるい》のヘビだよ。敵《てき》を強《つよ》い力《ちから》でしめつけて攻撃《こうげき》するよ。

戦《たたか》いで負《お》った左《ひだり》の眼《め》のきず

バイターの頭《あたま》はスカリドール将軍《しょうぐん》の頭《あたま》とはちがう型《かた》からつくられていて、オレンジ色《いろ》のとげがついている

コンストリクタイ族《ぞく》のあしはみんな太《ふと》くく短《みじか》い

ニンジャ・ファイル

すき：食《た》べること、戦《たたか》うこと、ねること
きらい：おふろ
なかよし：スナイク
敵《てき》：サムライX《エックス》ことニャー
特技《とくぎ》：敵《てき》をつぶすこと
武器《ぶき》：銀色《ぎんいろ》のメイス

セット名《めい》：サムライ・ロボ、バイター
セット番号《ばんごう》：9448、9556
発売年《はつばいねん》：2012 年《ねん》

カタパルトで攻撃《こうげき》

バイターはスナイクと組《く》み、サムライ・ロボにのったニャーと戦《たたか》う。特《とく》製《せい》カタパルトで、ミサイルや自分《じぶん》たちをサムライ・ロボに向《む》かって発射《はっしゃ》するのだ。このメカを使《つか》えば、あしで上《あ》がれない高《たか》いところも攻撃《こうげき》できるのだ。

バイターは、乱暴者《らんぼうもの》で筋肉《きんにく》むきむきの、コンストリクタイ族《ぞく》で2番目《ばんめ》にえらい兵士《へいし》だ。しかも、戦《たたか》っていないときは体《からだ》をきたえるのが大《だい》すき。だが、ざんねんなことにおふろがきらいなため、変《へん》なにおいがする。くさくて乱暴《らんぼう》なバイターは、だれでも手当《てあ》たりしだいになぐり、なんでも食《た》べてしまうのだ。

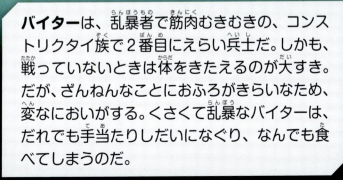

チョークン

コンストリクタイ族《ぞく》の兵士《へいし》

灰色《はいいろ》と白色《しろいろ》のウロコがある小《ちい》さな頭《あたま》と長《なが》い首《くび》
コンストリクタイ族《ぞく》の兵《へい》士《し》と偵察兵《ていさつへい》の胴体《どうたい》は、どちらもオレンジ色《いろ》だ

ニンジャ・ファイル

すき：“ヘビメタ・ボーイズ”というバンドで歌《うた》うこと
きらい：よく考《かんが》えること
なかよし：スカリドール将軍《しょうぐん》
敵《てき》：ウー先生《せんせい》、ウルトラ・ドラゴン
特技《とくぎ》：かむこと、戦《たたか》うこと
武器《ぶき》：金色《きんいろ》のメイス

セット名《めい》：激闘《げきとう》ドラゴン・バトル、スピン術《じゅつ》バトルパック
セット番号《ばんごう》：9450、9591
発売年《はつばいねん》：2012年《ねん》

ヘビヘビ監獄《かんごく》

ヘビヘビ族《ぞく》がウー先生《せんせい》を闇《やみ》の世界《せかい》にあるヘビヘビ監獄《かんごく》にとじこめたとき、見《み》はり役《やく》になったのがチョークンだ。この監獄《かんごく》は前後《ぜんご》にとびらがあり、あけしめできるため、チョークンはウー先生《せんせい》がにげないように注意《ちゅうい》深《ぶか》く見《み》はらなければならない。

チョークンはコンストリクタイ族《ぞく》の前線《ぜんせん》を守《まも》る兵《へい》士《し》だ。チョークンの小《ちい》さな頭《あたま》にだまされるな！彼《かれ》はとても大《おお》きくてするどいきばを持《も》っており、かみつかれるとかなり危険《きけん》だ。コンストリクタイ族《ぞく》はみんな背《せ》がひくいが、チョークンはたりない身長《しんちょう》と体《からだ》つきを、兵士《へいし》としての能力《のうりょく》でおぎなっているのだ。

スナイク

コンストリクタイ族《ぞく》の偵察兵《ていさつへい》

ニンジャ・ファイル

すき：武器《ぶき》を見《み》つけること
きらい：射撃訓練《しゃげきくんれん》
なかよし：バイター
敵《てき》：ニャー
特技《とくぎ》：すぐれた視力《しりょく》
武器《ぶき》：毒《どく》のきばの短剣《たんけん》

セット名《めい》：サムライ・ロボ
セット番号《ばんごう》：9448
発売年《はつばいねん》：2012年《ねん》

取《と》りはずせる頭《あたま》には、上《うえ》にヘビの形《かたち》をしたパーツがついている

体《からだ》はオレンジ色《いろ》だが、色《いろ》を見《み》わけられないスナイクにはあまり関係《かんけい》ないみたい

チョークンのうでは灰色《はいいろ》だが、スナイクはオレンジ色《いろ》

まめ知識《ちしき》

スナイクのミニフィギュアは1種類《しゅるい》のセットにしか入《はい》っていない。彼《かれ》は自《じ》分《ぶん》のスピナーを持《も》っていないんだ。

偵察兵《ていさつへい》スナイク

グレート・ヘビヘビを目《め》さめさせる4本《ほん》の毒《どく》のきばの短剣《たんけん》のうち、2本《ほん》目《め》をパイソーが見《み》つけた。スナイクは偵察兵《ていさつへい》としてそれを手助《てだす》けしたのだ。

毒《どく》のきばの短剣《たんけん》には毒薬《どくやく》の小《こ》びんがついている

スナイクはあしの短《みじか》いコンストリクタイ族《ぞく》の偵《てい》察兵《さつへい》であり、狙撃兵《そげきへい》でもある。仕事《しごと》にまじめで、視力《しりょく》はよいのだが色《いろ》が見《み》わけられないので、ターゲットに一発《いっぱつ》で当《あ》てることができないのだ。だが、それでもスナイクは自信《じしん》たっぷりで、自分《じぶん》のことをすぐれた狙撃兵《そげきへい》だと信《しん》じてうたがわない。

みんな
しっかり
つかまって!

ドラゴンのマスターになるためには？

自分《じぶん》の秘《ひ》めた力《ちから》をときはなつこと

ゆっくりドラゴンに近《ちか》づくこと

じっとドラゴンの眼《め》を見《み》ること

スピン術《じゅつ》でドラゴンにとびのること

NRG《エヌアールジー》 ゼン

氷《こおり》の爆発《ばくはつ》

ニンジャ・ファイル

すき：つめたい色《いろ》
きらい：ピンク色《いろ》
なかよし：NRG《エヌアールジー》 ニンジャ
敵《てき》：自分《じぶん》の記憶《きおく》
特技《とくぎ》：アイスのパワーを完《かん》ぺきにあやつること
武器《ぶき》：エレメント・パワー

セット名《めい》：NRG《エヌアールジー》 ゼン
セット番号《ばんごう》：9590
発売年《はつばいねん》：2012 年《ねん》

まめ知識《ちしき》

ほんとうの自分《じぶん》を発見《はっけん》することで、それぞれのニンジャが持《も》つ秘《ひ》められた能力《のうりょく》がもっとも発《はっ》揮《き》されるんだ。

胸《むね》にえがかれている紋章《もんしょう》は、アイス・エネルギーの強《きょう》れつな爆発《ばくはつ》のようだ

NRG《エヌアールジー》 ニンジャの中《なか》で、ゼンだけが手《て》とうでの色《いろ》がちがう

秘密《ひみつ》の過去《かこ》

過去《かこ》の記憶《きおく》を思《おも》いだしたとき、ゼンはかなりショックを受《う》けた。自《じ》分《ぶん》はニンドロイドで、なかまのニンジャとはちがうという事実《じじつ》を受《う》けいれるには、時間《じかん》がかかった。

NRG《エヌアールジー》 ゼンは、自分《じぶん》の能力《のうりょく》をもっとも開花《かいか》させることができたゼンのすがただ。ゼンにとってそのきっかけは、メモリー・スイッチを発見《はっけん》してジュリアン博士《はかせ》との記憶《きおく》を思《おも》いだし、自分《じぶん》はほんとうはロボットなのだと気《き》づくことだった。心《こころ》から真実《しんじつ》を受《う》けいれることで、ゼンはヘビヘビ族《ぞく》をなんとしてもたおすと、これまで以上《いじょう》に強《つよ》く決意《けつい》する。

NRG《エヌアールジー》ジェイ

はじける青《あお》いイナズマ

ニンジャ・ファイル

すき：ジョーク
きらい：感情《かんじょう》がみだれること
なかよし：NRG《エヌアールジー》ニンジャ、ニャー
敵《てき》：ヘビヘビ族《ぞく》
特技《とくぎ》：イナズマのパワーを完《かん》ぺきにあやつること
武器《ぶき》：エレメント・パワー

セット名《めい》：NRG《エヌアールジー》ジェイ
セット番号《ばんごう》：9570
発売年《はつばいねん》：2012年《ねん》

ずきんは青一色《あおいっしょく》ではなく、もようがついている
イナズマのエネルギーが目《め》のまわりではじけている
NRG《エヌアールジー》ジェイの服《ふく》は、胸《むね》に新《あたら》しいイナズマの紋章《もんしょう》があざやかにプリントされている

まめ知識《ちしき》

NRG《エヌアールジー》ニンジャにレベルアップした後《あと》も、次《つぎ》のレベルの修行《しゅぎょう》が待《ま》っている。エアー術《じゅつ》を学《まな》ぶことになるんだ！

ジェイのきっかけ

ニャーにキスをしてもらってヘビヘビの毒《どく》がぬけたジェイは、ニャーに恋《こい》をしている自分《じぶん》の気持《きも》ちと正直《しょうじき》に向《む》きあった。そのときはじめて、ジェイのかくされた能力《のうりょく》が発揮《はっき》されたのだ。

NRG《エヌアールジー》ジェイは、レベルアップしたジェイのすがただ。ファンパイア族《ぞく》の化石《かせき》でついたきずのせいで毒《どく》にやられ、ヘビヘビに変身《へんしん》しかけたジェイだったが、ニャーのキスがそれをなおしてくれた。ひそかにニャーに恋《こい》をしていたジェイは、その気持《きも》ちに気《き》づき、おかげで能力《のうりょく》を開花《かいか》させることができたのだ。

NRG《エヌアールジー》コール

岩《いわ》のようにゆるがない

ニンジャ・ファイル

すき：落《お》ちついていること
きらい：進歩《しんぽ》しないこと
なかよし：NRG《エヌアールジー》ニンジャ
敵《てき》：父《ちち》との過去《かこ》
特技《とくぎ》：大地《だいち》のパワーを完《かん》ぺきにあやつること
武器《ぶき》：エレメント・パワー

セット名《めい》：NRG《エヌアールジー》コール
セット番号《ばんごう》：9572
発売年《はつばいねん》：2012年《ねん》

まめ知識《ちしき》

NRG《エヌアールジー》ニンジャはどれも1種類《しゅるい》のセットにしか入《はい》っていないから、一番《いちばん》レアなミニフィギュアかもしれない！

NRG《エヌアールジー》コールの新《あたら》しい服《ふく》には、大地《だいち》の紋章《もんしょう》があざやかな色《いろ》でえがかれている

コールが一番《いちばん》すきな色《いろ》はオレンジ色《いろ》だがNRG《エヌアールジー》コールの服《ふく》にはピンク色《いろ》のもようが入《はい》っている

父親《ちちおや》ににていない息子《むすこ》

コールと父親《ちちおや》のなかは、うまくいっていなかった。父親《ちちおや》は息子《むすこ》に自分《じぶん》と同《おな》じダンサーになってほしいと思《おも》っていたが、コールはニンジャになりたかったのでにげだしてしまったのだ。だが父親《ちちおや》をパイソーの手《て》から救《すく》ったことでコールはみとめられ、NRG《エヌアールジー》にレベルアップできた。

NRG《エヌアールジー》コールは、ニンジャたちの中《なか》で3番目《ばんめ》に自分《じぶん》の力《ちから》をときはなったコールのすがただ。ケンドー・ニンジャからレベルアップするためには、コールは父親《ちちおや》とのなかを元通《もとどお》りにしなければならなかった。それをはたし、NRG《エヌアールジー》ニンジャになったコールは、これまでよりもはるかにあざやかな黒色《くろいろ》とピンク色《いろ》の服《ふく》を手《て》に入《い》れたのだ！

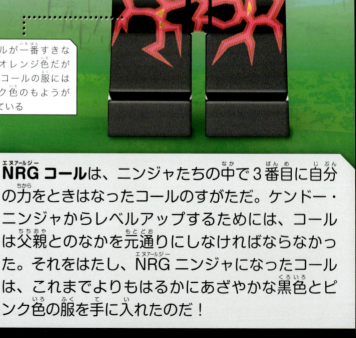

NRG《エヌアールジー》カイ

あつすぎて手《て》に負《お》えない

炎《ほのお》をあやつるNRG《エヌアールジー》カイの目《め》は、怒《いか》りではなく、炎《ほのお》のエネルギーで赤《あか》く燃《も》えている

まめ知識《ちしき》

NRG《エヌアールジー》カイは、スピン術《じゅつ》バトル・パックのセットに、チョークンのミニフィギュアといっしょに入《はい》っているよ。

ニンジャ・ファイル

すき：一番《いちばん》になること
きらい：ロイドの手助《てだす》け
なかよし：NRG《エヌアールジー》ニンジャ
敵《てき》：自分自身《じぶんじしん》の嫉妬心《しっとしん》
特技《とくぎ》：炎《ほのお》のパワーを完《かん》ぺきにあやつること
武器《ぶき》：エレメント・パワー

セット名《めい》：スピン術《じゅつ》バトル・パック
セット番号《ばんごう》：9591
発売年《はつばいねん》：2012年《ねん》

真《ま》っ赤《か》な火《ひ》の玉《たま》がNRG《エヌアールジー》カイの新《あたら》しい服《ふく》にえがかれている

火花《ひばな》と炎《ほのお》が、両《りょう》あしまでとびちっている

勝《か》つまでスピン！

カイはヘビヘビ族《ぞく》のチョークンとのスピン術《じゅつ》バトルで、自分《じぶん》のかくされた力《ちから》をためした。チョークンもスピン術《じゅつ》を使《つか》って戦《たたか》えるが、そのパワーは修行《しゅぎょう》したカイにはおよばない。

NRG《エヌアールジー》カイにレベルアップするため、カイは炎《ほのお》のような性格《せいかく》をコントロールしなければならなかった。それは、おこりっぽいカイにとってむずかしいことだ。ロイドが持《も》つグリーン・ニンジャのパワーをねたまず、自分自身《じぶんじしん》でいることを学《まな》んだとき、カイは4人《にん》の中《なか》でさいごに、かくされた力《ちから》を開花《かいか》させることができた。

ニンジャVS《ブイエス》ワルワル・サムライ

『レゴ®ニンジャゴー』シーズン２では、ロイドが加《くわ》わったニンジャ・チームがブラック・ガーマドンのたくらみをふせいだ。だがブラック・ガーマドンは、またまいもどってきた！　さらに悪《あく》の化身《けしん》、オーバー卿《きょう》も、ワルワル・サムライの軍《ぐん》をひきいてやってくる。新《あたら》しいバイクや武器《ぶき》、悪《あく》役《やく》がいっぱいの７種類《しゅるい》のセットで、冒険《ぼうけん》がよみがえるぞ！

ふん、
キンピカぼうずめ。
やってみろ！

キモノ・カイ

ファイヤー・エレメント・ニンジャ

ニンジャ・ファイル

すき：ファイヤー・ロボ
きらい：邪悪《じゃあく》なニャーと戦《たたか》うこと
なかよし：キモノ・ニンジャ
敵《てき》：よくばりなオーバー卿《きょう》
特技《とくぎ》：ガーマドンの偵察兵《ていさつへい》を追《お》いはらうこと
武器《ぶき》：ファイヤー・エレメント・ブレード

セット名《めい》：カイのファイヤー・ロボ
セット番号《ばんごう》：70500
発売年《はつばいねん》：2013 年《ねん》

ずきんには、とんがった金色《きんいろ》のかざりがついている
背中《せなか》に炎《ほのお》の紋章《もんしょう》がえがかれた道着《どうぎ》に、赤色《あかいろ》の帯《おび》をしめている

まめ知識《ちしき》

このコスチュームを着《き》たカイは、たった１種類《しゅるい》のセットにしか入《はい》っていないから、かなりめずらしいんだよ。

強力《きょうりょく》なファイヤー・ロボ

ファイヤー・ロボには、がんじょうなヨロイ、大砲《たいほう》と刀《かたな》、ノコギリ歯《ば》のブレードがついている。カイはコックピットでロボットを操縦《そうじゅう》するぞ。

ファイヤー・エレメント・ブレード

キモノ・カイの身《み》につけている新《あたら》しい道着《どうぎ》は、その体《からだ》をかけめぐるパワフルなエネルギーをあらわしている。カイは、天空《てんくう》の黄金神殿《おうごんしんでん》でエレメント・パワーを取《と》りもどした。ファイヤー・ロボにのりこみ、４つのエレメント・ブレードを手《て》に入《い》れるため、オーバー卿《きょう》のワルワル・サムライ軍《ぐん》を相手《あいて》に大戦闘《だいせんとう》をくりひろげる。

キモノ・ジェイ

イナズマ・エレメント・ニンジャ

ニンジャ・ファイル

すき：炎《ほのお》をふくジェットパック
きらい：はやいミサイル
なかよし：キモノ・ニンジャ
敵《てき》：コズ将軍《しょうぐん》
特技《とくぎ》：ワルワル・サムライバイクからにげること
武器《ぶき》：イナズマ・エレメント・ブレード

セット名《めい》：ワルワル・サムライバイク
セット番号《ばんごう》：70501
発売年《はつばいねん》：2013 年《ねん》

背中《せなか》にイナズマの紋章《もんしょう》がえがかれた黒色《くろいろ》と青《あお》色《いろ》の道着《どうぎ》

イナズマ・エレメント・ブレード

天空《てんくう》の黄金神殿《おうごんしんでん》で変身《へんしん》

ロイドが天空《てんくう》の黄金神殿《おうごんしんでん》の鐘《かね》をつくと、生《う》みだされたエネルギーがニンジャたちを次《つぎ》のレベルへとパワーアップさせる。ジェイはイナズマ・パワーを取《と》りもどし、イナズマのエレメント・パワーをあらわす刃《は》のついたブレードを手《て》に入《い》れた。

まめ知識《ちしき》

70501番《ばん》のセットで、ジェイはジェットパックを使《つか》って、追《お》いかけてくるワルワル・サムライからにげるんだ。

キモノ・ジェイはニンジャたちをひきいて天《てん》空《くう》の黄金神殿《おうごんしんでん》へ行《い》き、次《つぎ》のレベルに達《たっ》したジェイのすがた。レベルアップをあらわす新《あたら》しい道着《どうぎ》をまとい、ふたたび自分《じぶん》のエレメント・パワーを取《と》りもどしたジェイ。イナズマ・エレメント・ブレードを守《まも》るには、ジェイのばつぐんの反射神経《はんしゃしんけい》がひつようだ。

キモノ・コール

大地《だいち》・エレメント・ニンジャ

ニンジャ・ファイル

すき：ワルワル・サムライをやっつけること
きらい：アース・エレメント・ブレードをなくすこと
なかよし：キモノ・ニンジャ
敵《てき》：ワルワル・サムライ
特技《とくぎ》：強力《きょうりょく》なドリルを使《つか》うこと
武器《ぶき》：アース・エレメント・ブレード

セット名《めい》：コールのアース・ドリラー
セット番号《ばんごう》：70502
発売年《はつばいねん》：2013年《ねん》

ニンジャのずきんが正体《しょうたい》をかくす
トレードマークの黒色《くろいろ》で統一《とういつ》された道着《どうぎ》

コールのアース・ドリラー

このがんじょうなアース・ドリラーには強力《きょうりょく》な回転《かいてん》ドリルがついており、行《ゆ》く手《て》をふさぐどんなものにもあなをあける。石《いし》にもだ！　コールはこのメカを操縦《そうじゅう》して、ワルワル・サムライからにげだすぞ。

回《まわ》るドリル

キモノ・コールは、アース・エレメント・ブレードとレベルアップしたエレメント・パワーを手《て》にしたコールのすがた。新《あたら》しくてかっこいい道着《どうぎ》は、任務《にんむ》にうってつけだ。これまでよりさらにパワフルな戦士《せんし》となったコールは、はやくワルワル・サムライをやっつけたくてたまらない！

キモノ・ゼン

アイス・エレメント・ニンジャ

ニンジャ・ファイル

すき：新《あたら》しいコスチューム
きらい：闇《やみ》の島《しま》
なかよし：ジュリアン博士《はかせ》
敵《てき》：コズ将軍《しょうぐん》
特技《とくぎ》：氷《こおり》のイナズマを発射《はっしゃ》すること
武器《ぶき》：アイス・エレメント・ブレード

セット名《めい》：コズ将軍《しょうぐん》のガーマトロン
セット番号《ばんごう》：70504
発売年《はつばいねん》：2013 年《ねん》

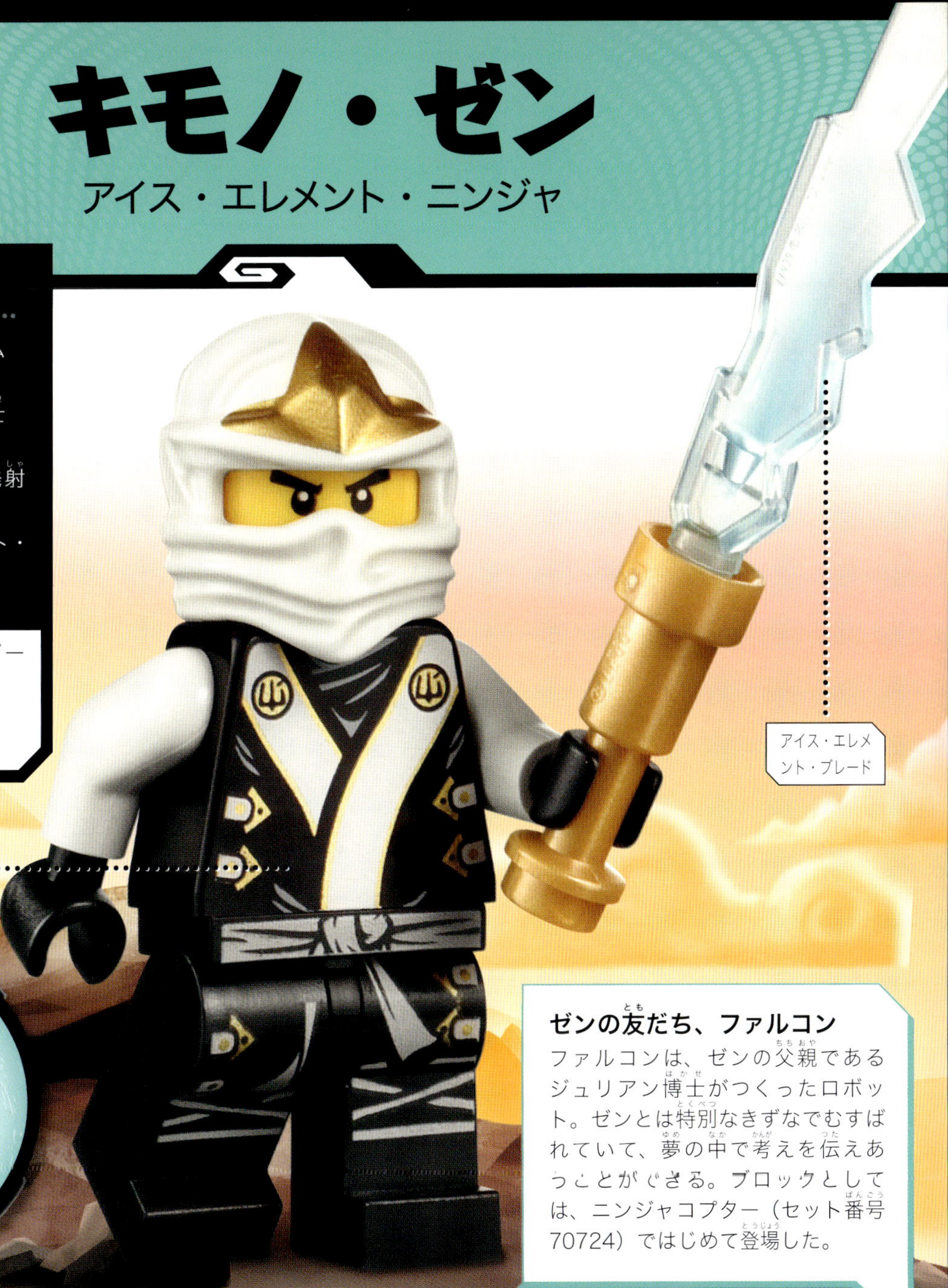

アイス・エレメント・ブレード

背中《せなか》にはアイスをあらわす紋章《もんしょう》がある

まめ知識《ちしき》

ゼンのエレメント・ブレードは氷《こおり》のイナズマをふきだして、行《ゆ》く手《て》にあるものをこおらせることができるよ。

ゼンの友《とも》だち、ファルコン

ファルコンは、ゼンの父親《ちちおや》であるジュリアン博士《はかせ》がつくったロボット。ゼンとは特別《とくべつ》なきずなでむすばれていて、夢《ゆめ》の中《なか》で考《かんが》えを伝《つた》えあうことができる。ブロックとしては、ニンジャコプター（セット番号《ばんごう》70724）ではじめて登場《とうじょう》した。

キモノ・ゼンが新《あたら》しく身《み》につけたパワーは、とても強力《きょうりょく》でつめたく、黒色《くろいろ》と白色《しろいろ》の新《あたら》しい道着《どうぎ》と同《おな》じくらいクールだ！　両刃《りょうば》のアイス・エレメント・ブレードで武装《ぶそう》し、敵《てき》をこおらせる用意《ようい》はととのった。ワルワル・サムライさえもノックアウトできるほどパワフルな、アイス・トルネードを生《う》みだせるぞ。

ブラック・ガーマドン

闇《やみ》の島《しま》のマスター

影《かげ》のカブトには、ルワル・サムライ
あらわすさそりの
サミのかざりがあ
ふたつめの胴体《どうたい》は取《と》りはずしできる

ニンジャ・ファイル

すき：命令《めいれい》すること
きらい：光《ひかり》
なかよし：コズ将軍《しょうぐん》
敵《てき》：グリーン・ニンジャ
特技《とくぎ》：無秩序《むちつじょ》なワルワル・サムライをまとめること
武器《ぶき》：メガ・ウェポン

セット名《めい》：天空《てんくう》の黄金神殿《おうごんしんでん》
セット番号《ばんごう》：70505
発売年《はつばいねん》：2013 年《ねん》

闇《やみ》の島《しま》

ソト船長《せんちょう》の日誌《にっし》で邪悪《じゃあく》な闇《やみ》の島《しま》について読《よ》んだブラック・ガーマドンは、この島《しま》を見《み》つけると心《こころ》に決《き》めた。

ブラック・ガーマドンは、ニンジャゴーの世界《せかい》をのっとるというよこしまな計画《けいかく》をあきらめてはいなかった。邪悪《じゃあく》なオーバー卿《きょう》にみちびかれ、よりいっそう悪《あく》にそまったブラック・ガーマドンは、仕返《しかえ》しをしようとたくらんでいる。闇《やみ》の島《しま》にいるワルワル・サムライを味方《みかた》につけ、攻撃《こうげき》の準備《じゅんび》は整《ととの》った！

オーバー卿《きょう》

ゴールデン・マスター

ニンジャ・ファイル

すき：ニンジャゴーの世界《せかい》を支配《しはい》すること
きらい：戦《たたか》いに負《ま》けること
なかよし：オーバー卿《きょう》は友《とも》だちをひつようとしない
敵《てき》：みんな
特技《とくぎ》：ワルワル・サムライ軍《ぐん》をつくること、とぶこと
武器《ぶき》：ガーマトロン

セット名《めい》：ニンジャゴー・シティの戦《たたか》い
セット番号《ばんごう》：70728
発売年《はつばいねん》：2014年《ねん》

ほおまでおおうカブト
とがった肩《かた》あて
赤《あか》いオノがついたノコギリ型《がた》の武器《ぶき》
『レゴ®ニンジャゴー』のミニフィギュアでスカートのピースはこれだけ

オーバー卿《きょう》は、善《ぜん》をたおして世界《せかい》を悪《あく》にそめようとしている、ニンジャたちの邪悪《じゃあく》な敵《てき》だ。オーバー卿《きょう》は暗《くら》い影《かげ》としてしか登場《とうじょう》したことがなく、そのミニフィギュアがどんなすがたをしているのか、長《なが》い間《あいだ》だれも知《し》らなかった。このミニフィギュアのオーバー卿《きょう》は、ゴールデン・マスターのすがたをしている。

闇《やみ》と化《か》すニンジャゴーの世界《せかい》

ブラック・ガーマドンは、暗黒物質《あんこくぶっしつ》を空《そら》からニンジャゴーの世界《せかい》にまきちらした。それによって善《ぜん》と悪《あく》のバランスがくずれ、オーバー卿《きょう》が力《ちから》をふるう。まきちらされた暗黒物質《あんこくぶっしつ》は、ニンジャゴー市民《しみん》を悪《あく》にそめていく。

コズ将軍《しょうぐん》

石《いし》のように無《む》表情《ひょうじょう》なリーダー

ワルワル・サムライのかざりがついたカブト
胴体《どうたい》をのばすパーツを使《つか》って、うでをふやしている
石《いし》のような灰《はい》色《いろ》のもようがコズの帯《おび》とあし、胴体《どうたい》をおおっている

ニンジャ・ファイル

すき：部下《ぶか》をいじめること
きらい：ゼンに追《お》いかけられること
なかよし：ブラック・ガーマドン
敵《てき》：ニンジャたち
特技《とくぎ》：少《すく》なくとも４つの作業《さぎょう》を同時《どうじ》にすること
武器《ぶき》：バタフライ・ソード

セット名《めい》：コズ将軍《しょうぐん》のガーマトロン
セット番号《ばんごう》：70504
発売年《はつばいねん》：2013年《ねん》

まめ知識《ちしき》

ワルワル・サムライは自分《じぶん》たちだけのふしぎなことばをしゃべるんだ。コズ将軍《しょうぐん》は彼《かれ》らの通《つう》訳《やく》ができるよ。

究極《きゅうきょく》の武器《ぶき》、ガーマトロン

ガーマトロンは、キャタピラで走《はし》る戦闘《せんとう》マシン。行く手《て》にあるものをなんでもおしのけて進《すす》み、大砲《たいほう》やミサイルを発射《はっしゃ》する。この運転席《うんてんせき》にすわるとき、コズは最高《さいこう》の気分《きぶん》になるのだ。

コズ将軍《しょうぐん》は、ワルワル・サムライの軍隊《ぐんたい》でブラック・ガーマドンの次《つぎ》にえらい指揮官《しきかん》だ。数《かず》かずの戦《たたか》いを勝《か》ちぬいてきた戦士《せんし》であり、４本《ほん》のうでで４つの武器《ぶき》を同時《どうじ》にあやつると、向《む》かうところ敵《てき》なしだ。コズは暗黒物質《あんこくぶっしつ》をほりだすリーダーでもあり、部下《ぶか》をはたらかせるのがすき。４本《ほん》のうでを使《つか》って部下《ぶか》をいじめるのだ。

ワルワル・サムライ

地上《ちじょう》にあらわれた闇《やみ》の世界《せかい》の兵士《へいし》

ニンジャ・ファイル

すき：命令《めいれい》にしたがうこと
きらい：破壊《はかい》のじゃまになるもの
なかよし：ワルワル・サムライのなかま
敵《てき》：善良《ぜんりょう》な人《ひと》みんな
特技《とくぎ》：剣術《けんじゅつ》
武器《ぶき》：バタフライ・ソード、刀《かたな》

セット名《めい》：ワルワル・サムライバイク、黄金《おうごん》ドラゴン
セット番号《ばんごう》：70501、70503
発売年《はつばいねん》：2013年《ねん》

ワルワル・サムライは位《くらい》が高《たか》いため、かざりがついたカブトをかぶっている

ワルワル・サムライや剣士《けんし》は、よく波《なみ》の形《かたち》の肩《かた》あてをつけている

ワルワル・サムライは、両手《りょうて》でバタフライ・ソードと刀《かたな》をあやつる

暗闇《くらやみ》の力《ちから》

ワルワル・サムライ軍《ぐん》がもどってきた。彼《かれ》らは、初代《しょだい》スピン術《じゅつ》マスターをたおし、ニンジャゴーの善《ぜん》なるものを破壊《はかい》するためにつくられた兵士《へいし》だ。今《いま》は使命《しめい》をはたすべく闇《やみ》の島《しま》に集《あつ》まり、ニンジャゴーの世界《せかい》をのっとる命令《めいれい》がくだるのを待《ま》っている。

ワルワル・サムライは、闇《やみ》の世界《せかい》にある絶対《ぜったい》にこわれない岩《いわ》から、オーバー卿《きょう》によってつくりだされた戦闘《せんとう》マシンだ。そのため、なかまの戦士《せんし》と同《おな》じく、岩《いわ》のようにがんじょうなのだ。上官《じょうかん》への忠誠心《ちゅうせいしん》がおそろしくかたく、どんな命令《めいれい》にもよろこんでしたがい、ニンジャをたたきつぶそうとする。

ワルワル・サムライ軍《ぐん》の剣士《けんし》

刀《かたな》をあやつる戦士《せんし》

ひらいた口《くち》からするどい歯《は》が見《み》える、こわい顔《かお》
緑色《みどりいろ》のうずまきは、ワルワル・サムライ軍《ぐん》の兵《へい》士《し》のしるし
あしまでおおわれた銀色《ぎんいろ》のヨロイで、体《からだ》が守《まも》られている

ニンジャ・ファイル

すき：攻撃《こうげき》の先頭《せんとう》に立《た》つこと
きらい：コールのドリル
なかよし：なかまの剣士《けんし》
敵《てき》：ニンジャたち
特技《とくぎ》：高度《こうど》な剣術《けんじゅつ》
武器《ぶき》：黒《くろ》い刀《かたな》

セット名《めい》：コールのアース・ドリラー、コズ将軍《しょうぐん》のガーマトロン、天空《てんくう》の黄金神殿《おうごんしんでん》
セット番号《ばんごう》：70502、70504、70505
発売年《はつばいねん》：2013 年《ねん》

黄色《きいろ》の顔《かお》の剣士《けんし》

同《おな》じようにみえるかもしれないが、顔《かお》が青色《あおいろ》ではなく黄色《きいろ》の剣士《けんし》もいる。顔《かお》の色《いろ》はちがっても、同《おな》じように残酷《ざんこく》な戦士《せんし》だ。青色《あおいろ》のものよりもめずらしく、ミニフィグバトルパック（セット番号《ばんごう》850632）だけに入《はい》っている。

よく見《み》ると、顔《かお》は色《いろ》だけでなく、もようの形《かたち》もちがうのがわかる

ワルワル・サムライ軍《ぐん》の剣士《けんし》は、軍《ぐん》のエリート。敵《てき》をものともせずつきすすむ、つめたく強力《きょうりょく》な戦士《せんし》だ。剣士《けんし》たちの武器《ぶき》は、黒《くろ》くて長《なが》い刀《かたな》。この細《ほそ》くとがった刃《は》で敵《てき》に切《き》りこみ、大《おお》きなダメージを与《あた》える。ニンジャたちが彼《かれ》らに立《た》ちむかうためには、がんじょうなヨロイはもちろん、すぐれた剣《けん》の技《わざ》がひつようだ。

ワルワル・サムライ軍《ぐん》の偵察兵《ていさつへい》

石弓《いしゆみ》の使《つか》い手《て》

まめ知識《ちしき》

偵察兵《ていさつへい》も剣士《けんし》もウー先《せん》生《せい》みたいに笠《かさ》をかぶっているけど、ワルワル・サムライの笠《かさ》は赤《あか》くぬられているんだ。

ニンジャ・ファイル

すき：武器《ぶき》をぬすむこと
きらい：道《みち》にまようこと
なかよし：なかまの偵察兵《ていさつへい》
敵《てき》：ニンジャ、黄金《おうごん》ドラゴン
特技《とくぎ》：ねらったまとをけってはずさないこと
武器《ぶき》：石弓《いしゆみ》

セット名《めい》：カイのファイヤー・ロボ、黄金《おうごん》ドラゴン、天空《てんくう》の黄金神殿《おうごんしんでん》
セット番号《ばんごう》：70500、70503、70505
発売年《はつばいねん》：2013年《ねん》

矢筒《やづつ》を肩《かた》に背負《せお》っている
偵察兵《ていさつへい》のあしは、剣士《けんし》のものよりも短《みじか》い
石弓《いしゆみ》のパーツ

青色《あおいろ》の顔《かお》の偵察兵《ていさつへい》
顔《かお》が青色《あおいろ》の偵察兵《ていさつへい》はとてもめずらしい。黄色《きいろ》の顔《かお》の剣士《けんし》といっしょに、ミニフィグバトルパック（セット番《ばん》号《ごう》850632）だけに入《はい》っている。

ワルワル・サムライ軍《ぐん》の偵察兵《ていさつへい》はあしこそ短《みじか》いが、石弓《いしゆみ》をかまえるすがたは敵《てき》をふるえあがらせるほどおそろしい。この戦士《せんし》は、きみが1本《ぽん》の矢《や》を命中《めいちゅう》させる間《あいだ》に、何本《なんぼん》もの矢《や》を放《はな》つことができる。偵察兵《ていさつへい》は敵地《てきち》をスパイするのがおもな役目《やくめ》なので、気《き》づかれないように動《うご》くのがとても得意《とくい》だ。

ワルワル・サムライと ともに行進《こうしん》するためには？

オーバー卿《きょう》に忠誠心《ちゅうせいしん》をしめすこと

絶対《ぜったい》こわれない体《からだ》を持《も》つこと

じょうぶな頭《ず》がい骨《こつ》とこぶしがあること

つめたくニンジャをにらむこと

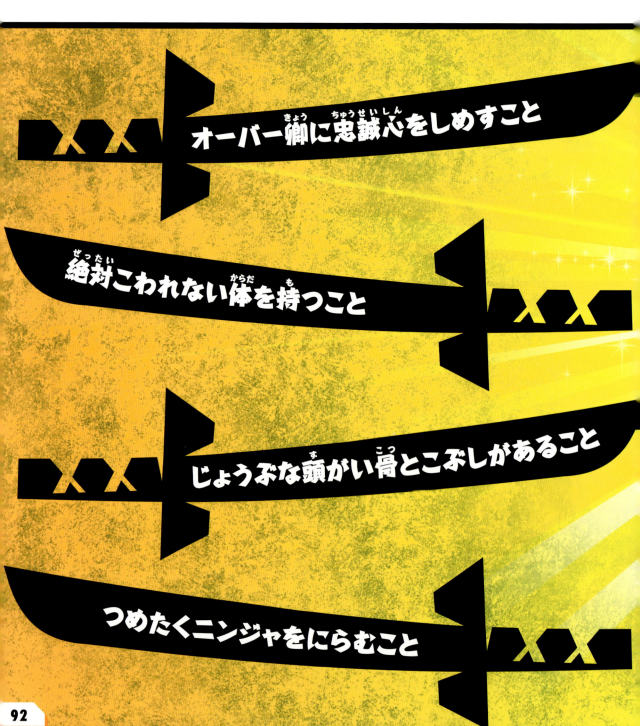

なかまに
なる勇気《ゆうき》は
あるか？

ゴールデン・ニンジャ

究極《きゅうきょく》のスピン術《じゅつ》マスター

ニンジャ・ファイル

すき：ニンジャゴーを守《まも》ること
きらい：石弓《いしゆみ》
なかよし：黄金《おうごん》ドラゴン
敵《てき》：オーバー卿《きょう》
特技《とくぎ》：黄金《おうごん》ドラゴンをよびよせること
武器《ぶき》：ゴールデン・メカ・ソード

セット名《めい》：黄金《おうごん》ドラゴン、天《てん》空《くう》の黄金神殿《おうごんしんでん》
セット番号《ばんごう》：70503、70505
発売年《はつばいねん》：2013年《ねん》

金色《きんいろ》の道着《どうぎ》には、グリーン・ニンジャと同《おな》じもようが入《はい》っている

ゴールデン・パワーを身《み》につけたロイドは、コスチュームだけでなく顔《かお》や手《て》も金色《きんいろ》になる

まめ知識《ちしき》

ゴールデン・パワーは4大《だい》エレメント・パワー（炎《ほのお》、大地《だいち》、イナズマ、アイス）をひとつにしたものなんだよ。

黄金《おうごん》のロボット

このいにしえの戦闘《せんとう》ロボットは、ゴールデン・ニンジャのパワーだけに反応《はんのう》する。ロイドはこのロボットを、天空《てんくう》の黄金神殿《おうごんしんでん》の中《なか》で発見《はっけん》した。

ロイドがロボットを操縦《そうじゅう》するコックピットは、大《おお》きな金色《きんいろ》の笠《かさ》で守《まも》られている

ゴールデン・ニンジャは、もっともパワフルなニンジャだ。ロイド・ガーマドンは、オーバー卿《きょう》とのさいしょの対決《たいけつ》をへて、ゴールデン・ニンジャとなった。その金色《きんいろ》の道着《どうぎ》とヨロイは、ロイドのゴールデン・パワーを使《つか》いこなす能力《のうりょく》をあらわしている。このレベルに達《たっ》したロイドなら、オーバー卿《きょう》をもたおせるはずだ！

黄金《おうごん》ドラゴン

伝説《でんせつ》のスピン術《じゅつ》モンスター

ニンジャ・ファイル

すき：戦《たたか》いにとびこむこと
きらい：邪悪《じゃあく》な子分《こぶん》
なかよし：ロイド
敵《てき》：ワルワル・サムライ
特技《とくぎ》：火《ひ》をふくこと
武器《ぶき》：ドラゴンの球《たま》

セット名《めい》：黄金《おうごん》ドラゴン
セット番号《ばんごう》：70503
発売年《はつばいねん》：2013 年《ねん》

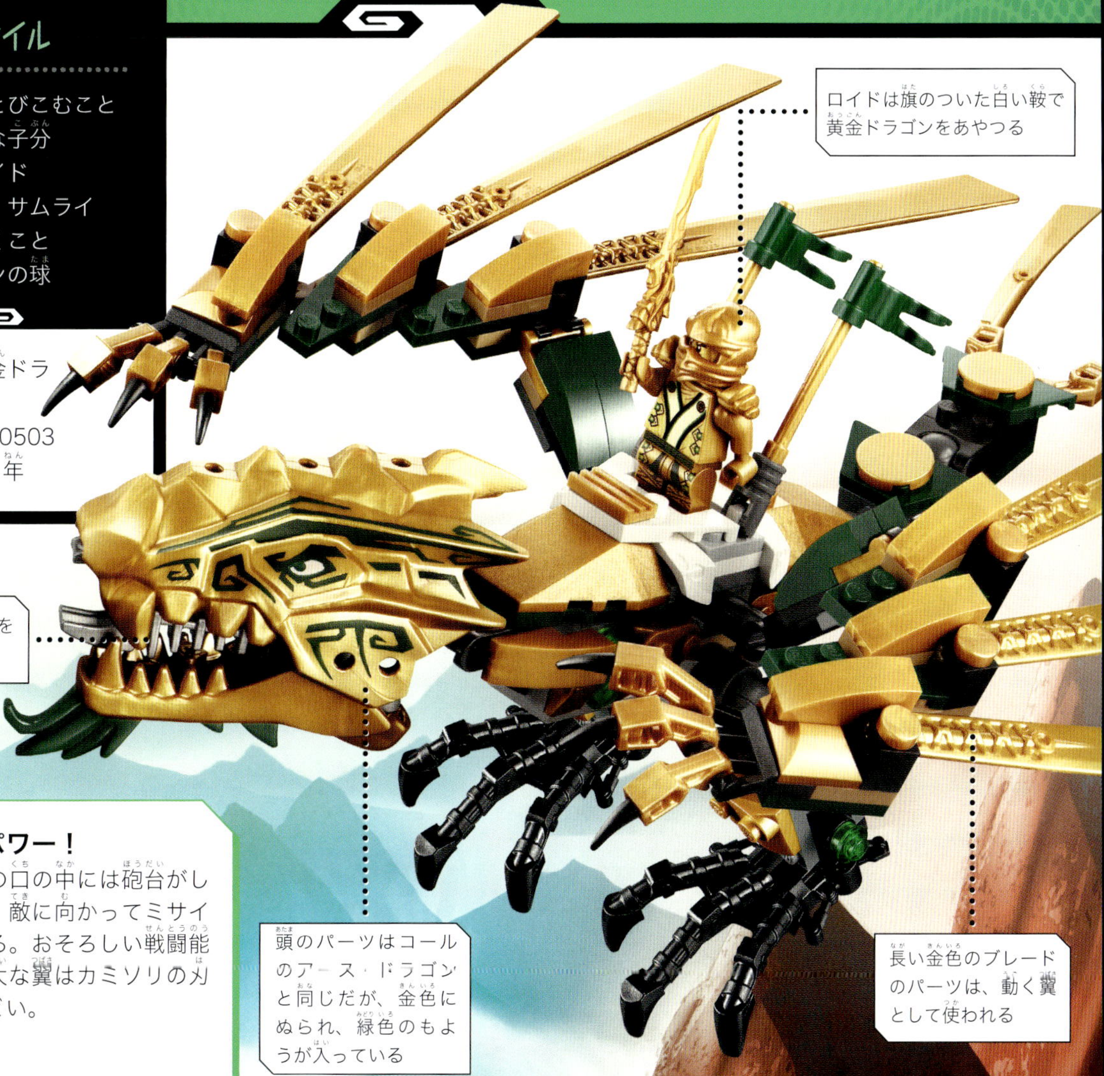

ロイドは旗《はた》のついた白《しろ》い鞍《くら》で黄金《おうごん》ドラゴンをあやつる

口《くち》からミサイルを発射《はっしゃ》できる

頭《あたま》のパーツはコールのアース・ドラゴンと同《おな》じだが、金色《きんいろ》にぬられ、緑色《みどりいろ》のもようが入《はい》っている

長《なが》い金色《きんいろ》のブレードのパーツは、動《うご》く翼《つばさ》として使《つか》われる

ドラゴン・パワー！

黄金《おうごん》ドラゴンの口《くち》の中《なか》には砲台《ほうだい》がしこまれており、敵《てき》に向《む》かってミサイルを発射《はっしゃ》できる。おそろしい戦闘能《せんとうのう》力《りょく》があり、巨大《きょだい》な翼《つばさ》はカミソリの刃《は》のようにするどい。

黄金《おうごん》ドラゴンは、ゴールデン・ニンジャであるロイドのゴールデン・パワーによってよびさまされた。ロイドは、この巨大《きょだい》なドラゴンのパワーをコントロールして戦《たたか》いにいどむ。ロイドとドラゴンのパワーを組《く》みあわせれば、ワルワル・サムライを追《お》いはらってオーバー卿《きょう》をたおすことができるのだ！

ニンジャVS《ブイエス》オーバー卿《きょう》とニンドロイド

『レゴ®ニンジャゴー』のシーズン3では、ニュー・ニンジャゴー・シティでニンジャとオーバー卿《きょう》が熱戦《ねっせん》をくりひろげる。オーバー卿《きょう》ひきいるニンドロイド軍団《ぐんだん》から世《せ》界《かい》を守《まも》るため、ニンジャたちはなかまをひとり失《うしな》うこととなる。おそろしい悪党《あくとう》とパワフルな新《あたら》しい武器《ぶき》が入《はい》った10種類《しゅるい》のハイテク・セットで、ニンジャといっしょにニンドロイドと戦《たたか》おう！

おまえ
ロボット
だろう

ガーマドン先生《せんせい》

生《う》まれかわったスピン術《じゅつ》マスター

シンプルな杖《つえ》は、戦《たたか》うためでなく、生徒《せいと》をしかるために使《つか》う

邪悪《じゃあく》なおこないのせいで、髪《かみ》が灰色《はいいろ》になった

まめ知識《ちしき》

ガーマドンは過去《かこ》の悪事《あくじ》をつぐなうため、二度《にど》と戦《たたか》わないと決《き》めたんだ。そのちかいがもうすぐためされるぞ！

ニンジャ・ファイル

すき：善良《ぜんりょう》にもどること
きらい：自分《じぶん》の邪悪《じゃあく》な過去《かこ》
なかよし：弟《おとうと》のウー
敵《てき》：デジタル・オーバー卿《きょう》
特技《とくぎ》：ニンジャを教《おし》えること
武器《ぶき》：“ボウ（棒《ぼう》）” という杖《つえ》

セット名《めい》：ニンドロイド・メカドラゴン
セット番号《ばんごう》：70725
発売年《はつばいねん》：2014年《ねん》

ふわりとなびく服《ふく》は、金《きん》のとめ具《ぐ》と古代《こだい》の文字《もじ》でかざられている

ニンジャの師《し》

70750番《ばん》のセットに入《はい》っているガーマドン先生《せんせい》は、少《すこ》しちがう服《ふく》を着《き》ている。敵《てき》をまどわして攻撃《こうげき》をかわすことのできる沈黙拳《ちんもくけん》という武術《ぶじゅつ》を、楽《たの》しそうに教《おし》えているのだ。

服《ふく》の後《うし》ろのさけ目《め》からは、むらさきのヘビのタトゥーが見《み》える

ガーマドン先生《せんせい》は、もとは邪悪《じゃあく》なブラック・ガーマドンだった。オーバー卿《きょう》がゴールデン・ニンジャであるロイドにやぶれたとき、悪《あく》の心《こころ》をぬぐいさり、ふつうの人間《にんげん》にもどったのだ。ガーマドンをまどわしていた闇《やみ》の魔力《まりょく》といっしょに、余分《よぶん》についていたうでと闇《やみ》の帝王《ていおう》のヨロイも消《き》え、今《いま》では平和《へいわ》を愛《あい》するスピン術《じゅつ》マスターにふさわしいすがたになった。

オーバー・ボーグ

あやつられるコンピューターの天才《てんさい》

ニンジャ・ファイル

すき：装置《そうち》や道具《どうぐ》の発明《はつめい》
きらい：機械《きかい》のようにあやつられること
なかよし：テクノ・ゼン
敵《てき》：デジタル・オーバー卿《きょう》
特技《とくぎ》：追《お》いかけること
武器《ぶき》：刀《かたな》、ノコギリ

セット名《めい》：オーバー・ボーグの攻撃《こうげき》
セット番号《ばんごう》：70722
発売年《はつばいねん》：2014年《ねん》

後《うし》ろ側《がわ》には、サイラス・ボーグの顔《かお》がえがかれている
ロボットのような複雑《ふくざつ》な部品《ぶひん》がついた髪《かみ》のパーツ
ノコギリのような武器《ぶき》はニンドロイドとおそろい
オーバー・ボーグはクモのようなあしのメカで移動《いどう》する

発明家《はつめいか》、サイラス・ボーグ
オーバー卿《きょう》が去《さ》った後《あと》、サイラス・ボーグはニンジャゴーの世界《せかい》のテクノロジーを発展《はってん》させ、ニンジャゴー・シティを再建《さいけん》。ニュー・ニンジャゴー・シティと名《な》づけた。

オーバー・ボーグは、デジタル化《か》したオーバー卿《きょう》にあやつられるサイバー・ロボットだ。もとはサイラス・ボーグという善良《ぜんりょう》な発明家《はつめいか》であり、コンピューターの天才《てんさい》だったが、パイソーにかまれたことでオーバー・ボーグに変化《へんか》した。テクノロジーの力《ちから》でニンドロイド軍団《ぐんだん》をつくりだし、ニンジャゴーの世界《せかい》を支配《しはい》しようとする。

テクノ・コール

大地《だいち》・リブート・ニンジャ

ニンジャ・ファイル

すき：新《あたら》しいテクノロジー
きらい：ホバー・ハンター
なかよし：テクノ・ニンジャ
敵《てき》：クリプトー将軍《しょうぐん》
特技《とくぎ》：セキュリティー・ロボをアース・ロボに変《か》えること
武器《ぶき》：緑色《みどりいろ》の電脳《でんのう》の剣《つるぎ》

セット名《めい》：ホバー・ハンター、サンダー・レーダー
セット番号《ばんごう》：70720、70723
発売年《はつばいねん》：2014年《ねん》

髪《かみ》の見《み》えるコールのミニフィギュアはふたつだけ
コールの電脳《でんのう》の剣《つるぎ》はヌンチャクにている

まめ知識《ちしき》

電脳《でんのう》の剣《つるぎ》はコンピューターをハッキングして、ふつうの機械《きかい》をかっこいいニンジャメカに変《か》えられるんだよ。

コールのアース・ロボ

コールはてっぺんの小《ちい》さなコックピットで巨大《きょだい》なロボットを操縦《そうじゅう》し、アームのソード・ブラスターから敵《てき》に向《む》かってミサイルを発射《はっしゃ》する。

ソード・ブラスター

テクノ・コールは、新《あたら》しいおしゃれな道着《どうぎ》とマスクを身《み》につけて、顔認証《かおにんしょう》システムをごまかす。そして、新《あら》たにあらわれた敵《てき》、ニンドロイドに戦《たたか》いをいどむのだ！　コールは、むずかしいことに挑《ちょう》戦《せん》するのが大《だい》すき。くさりでつながった電脳《でんのう》の剣《つるぎ》をはじめとする新《あたら》しい武器《ぶき》を使《つか》いこなし、ニンジャとしての実力《じつりょく》を最大限《さいだいげん》に発揮《はっき》する。

テクノ・カイ

ファイヤー・リブート・ニンジャ

顔認証《かおにんしょう》ソフトウェア
をあざむくマスク
真《ま》っ赤《か》な電脳《でんのう》の剣《つるぎ》
炎《ほのお》のもようがえ
がかれた道着《どうぎ》

ニンジャ・ファイル

すき：車《くるま》を武器《ぶき》に変《か》えること
きらい：虫《むし》
なかよし：テクノ・ニンジャ
敵《てき》：クリプトー将軍《しょうぐん》
特技《とくぎ》：ミサイルでねらうこと
武器《ぶき》：赤《あか》い電脳《でんのう》の剣《つるぎ》

セット名《めい》：カイ・ファイター、X-1《エックスワン》 ニンジャ・チャージャー
セット番号《ばんこう》：70721、70727
発売年《はつばいねん》：2014 年《ねん》

まめ知識《ちしき》

カイのX-1《エックスワン》 ニンジャ・チャージャーには、ギザギザのブレードがついた偵察《ていさつ》ニンドロイドがのっているんだ。

X-1《エックスワン》 ニンジャ・チャージャー

かっこいいX-1《エックスワン》 ニンジャ・チャージャーにのったカイは、とても手《て》ごわい。このスーパーカーは、運転席《うんてんせき》の後《うし》ろにミサイルとダブル・シューターがついている。前方《ぜんぽう》のフードを上《あ》げれば、そなえつりの迎撃《げいげき》バイクがとびだすぞ。

テクノ・カイの炎《ほのお》のもようの道着《どうぎ》は、彼《かれ》の燃《も》えるような戦闘《せんとう》スタイルにぴったりだ。カイは服《ふく》と同《おな》じ色《いろ》の赤《あか》いマスクで顔《かお》をかくしているが、ほかのテクノ・ニンジャと同《おな》じように髪《かみ》はかくしていない。新《あたら》しい電脳《でんのう》の剣《つるぎ》を手《て》にしたカイは、邪悪《じゃあく》なニンドロイド軍団《ぐんだん》と戦《たたか》うために、持《も》てる力《ちから》のすべてを発揮《はっき》する。

テクノ・ジェイ

イナズマ・リブート・ニンジャ

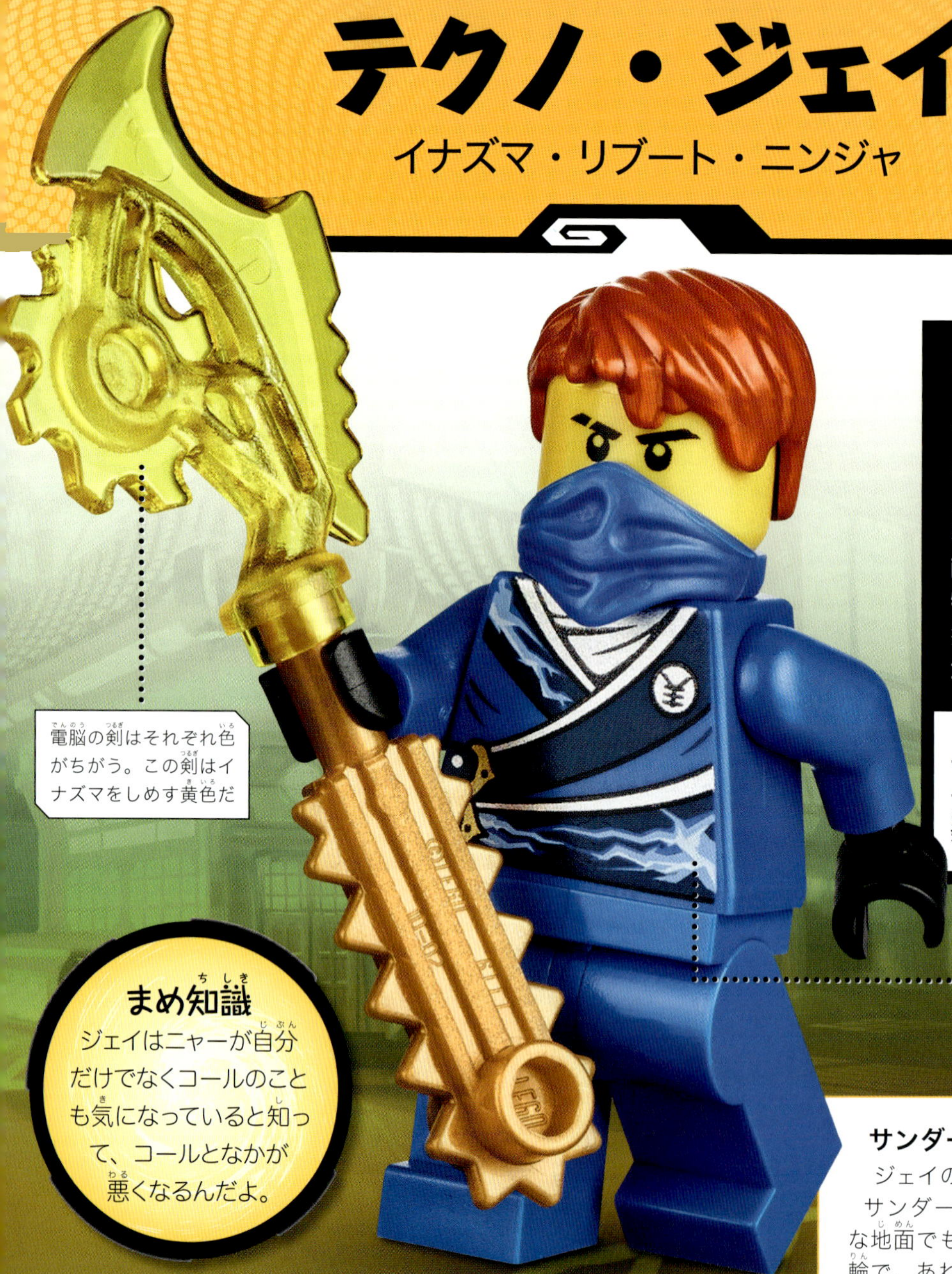

電脳《でんのう》の剣《つるぎ》はそれぞれ色《いろ》がちがう。この剣《つるぎ》はイナズマをしめす黄色《きいろ》だ

イナズマがえがかれた新《あたら》しい道着《どうぎ》

ニンジャ・ファイル

すき：サンダー・レーダー
きらい：ニンドロイドのダブル・レーザー・キャノン
なかよし：テクノ・ニンジャ
敵《てき》：ニンドロイド
特技《とくぎ》：サンダー・レーダーを操縦《そうじゅう》すること
武器《ぶき》：黄色《きいろ》い電脳《でんのう》の剣《つるぎ》

セット名《めい》：サンダー・レーダー
セット番号《ばんごう》：70723
発売年《はつばいねん》：2014年《ねん》

まめ知識《ちしき》

ジェイはニャーが自分《じぶん》だけでなくコールのことも気《き》になっていると知《し》って、コールとなかが悪《わる》くなるんだよ。

サンダー・レーダー

ジェイの超高速《ちょうこうそく》オフロード・マシン、サンダー・レーダーは万能《ばんのう》だ。どんな地面《じめん》でもすべらない前輪《ぜんりん》と大《おお》きな後輪《こうりん》で、あれた大地《だいち》をものともせずにすさまじいスピードで進《すす》んでいく。

攻撃《こうげき》モードになると、かくされたミサイルを発射《はっしゃ》する

テクノ・ジェイはイナズマの速度《そくど》で動《うご》ける。そのため、新《あたら》しい道着《どうぎ》には青《あお》いイナズマのもようがあり、今《いま》までのものよりも動《うご》きやすくなっている。頭《あたま》の回転《かいてん》がはやくて創造力《そうぞうりょく》があるジェイは、ノコギリのような電脳《でんのう》の剣《つるぎ》を最大限《さいだいげん》に活《い》かす戦《たたか》い方《かた》を知《し》っているぞ。行《い》け、ニンジャ！

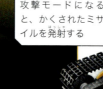

テクノ・ゼン

ロボット式《しき》のアイス系《けい》ニンジャ

新《あたら》しい道着《どうぎ》には、肩《かた》あてと交差《こうさ》した帯《おび》がついている

ニンジャ・ファイル

すき：自分《じぶん》のグライダーをとばすこと
きらい：ニンドロイド
なかよし：P.I.X.A.L.（ピクサル）
敵《てき》：ニンドロイド軍団《ぐんだん》
特技《とくぎ》：グライダーの操縦《そうじゅう》
武器《ぶき》：電脳《でんのう》の剣《つるぎ》、盾《たて》、刀《かたな》

セット名《めい》：ニンジャゴー・シティの戦《たたか》い
セット番号《ばんごう》：70728
発売年《はつばいねん》：2014年《ねん》

テクノ・ゼンは青《あお》色《いろ》の電脳《でんのう》の剣《つるぎ》でニンドロイドと戦《たたか》う

戦《たたか》いのきず

ゼンとニンドロイドの戦《たたか》いをえがいた70724番《ばん》のセットでは、ゼンはきずをおい、内部《ないぶ》の機械《きかい》が見《み》えてしまった。だが70726番《ばん》のセットでは"再起動《さいきどう》"により、もとのすがたにもどっている。

テクノ・ゼンは、自分《じぶん》の過去《かこ》を知《し》ることでニンジャとしてどんどん優秀《ゆうしゅう》になるようだ。秘《ひ》めた力《ちから》を開花《かいか》させることができたゼンは、たちまち自分《じぶん》の電脳《でんのう》の剣《つるぎ》を見《み》つけ、それを使《つか》いこなす！だが、オーバー卿《きょう》との決戦《けっせん》での痛手《いたで》は大《おお》きく、ゼンは消息不明《しょうそくふめい》となってしまう。ゼンは破壊《はかい》されてしまったのだろうか？

テクノ・ロイド

グリーン・リブート・ニンジャ

まめ知識《ちしき》

テクノ・ロイドのコスチュームは、ロイドが今《いま》までに着《き》た4つのコスチュームをミックスしたものなんだ。

ニンジャ・ファイル

すき：自分《じぶん》のニンジャ・サイクルにのること
きらい：にげること
なかよし：父親《ちちおや》であるガーマドン先生《せんせい》
敵《てき》：オーバー・ボーグ
特技《とくぎ》：ニンジャ・サイクルでニンドロイドをたおすこと
武器《ぶき》：金色《きんいろ》の刀《かたな》

セット名《めい》：オーバー・ボーグの攻撃《こうげき》
セット番号《ばんごう》：70722
発売年《はつばいねん》：2014年《ねん》

金色《きんいろ》のヨロイには、後《うし》ろに刀《かたな》を２本《ほん》させるサヤがついている
ゴールデン・パワーの紋章《もんしょう》が前後《ぜんご》に入《はい》っている

テクノ・ロイドは、ゴールデン・パワーをマスターした、かつてないほど強《つよ》いニンジャだ！　新《あたら》しい道着《どうぎ》の前《まえ》と後《うし》ろにはゴールデン・パワーの紋章《もんしょう》があり、ロイドのニンジャとしてのレベルが上《あ》がったことをしめしている。金色《きんいろ》のヨロイを身《み》につけ、金色《きんいろ》の武器《ぶき》を持《も》ったテクノ・ロイドなら、いつでもオーバー卿《きょう》と戦《たたか》えるはずだ！

グリーン・ニンジャ・サイクル

ニンジャ・サイクルでかけまわるテクノ・ロイドは、緑色《みどりいろ》と金《きん》色《いろ》の疾風《しっぷう》となる。オーバー・ボーグが超《ちょう》ハイテク・マシンで追《お》いかけてきても、つかまえることはできない。

テクノ・ロイドのコスチュームと同《おな》じ、緑色《みどりいろ》と金色《きんいろ》の車体《しゃたい》

サムライX《エックス》

不死鳥《ふしちょう》の炎《ほのお》の戦士《せんし》

くわがたがついたサムライのカブト
銀色《ぎんいろ》の刀《かたな》がニンドロイドとの戦《たたか》いで活《かつ》やくする
不死鳥《ふしちょう》の紋章《もんしょう》が入《はい》った新《あたら》しいヨロイ

ニンジャ・ファイル

すき：ニンドロイドをたおすこと
きらい：クモみたいなあしのオーバー・ボーグ。悪党《あくとう》のあしは2本《ほん》でじゅうぶん！
なかよし：やさしいゼン
敵《てき》：邪悪《じゃあく》なテクノ・ウー
特技《とくぎ》：ニンジャを守《まも》ること
武器《ぶき》：ニンジャ・ソード

セット名《めい》：ニンジャゴー・シティの戦《たたか》い
セット番号《ばんごう》：70728
発売年《はつばいねん》：2014年《ねん》

まめ知識《ちしき》

このカブトとフェイス・マスクの型《かた》は、2012年《ねん》発売《はつばい》のサムライX《エックス》のヨロイのために新《あたら》しくつくられたんだよ。

サムライVS《ブイエス》ニンドロイド

正体《しょうたい》をかくし、なぞめいたサムライX《エックス》になりすましているニャー。音《おと》も立《た》てずに動《うご》き、戦士《せんし》としての実力《じつりょく》をニンドロイドに見《み》せつける。

サムライX《エックス》の正体《しょうたい》がニャーだと知《し》っているものは少《すく》ない。ニャーは、すぐれたエンジニアだが、剣士《けんし》としてのうでもかなりのものだ。男《おとこ》の子《こ》たちといっしょに戦《たたか》うためにサムライX《エックス》になったニャー。つくりこまれたヨロイとカブトが、ニャーの戦士《せんし》としてのレベルをしめしている。

テクノ・ウー

悪《あく》におちた善良《ぜんりょう》な先生《せんせい》

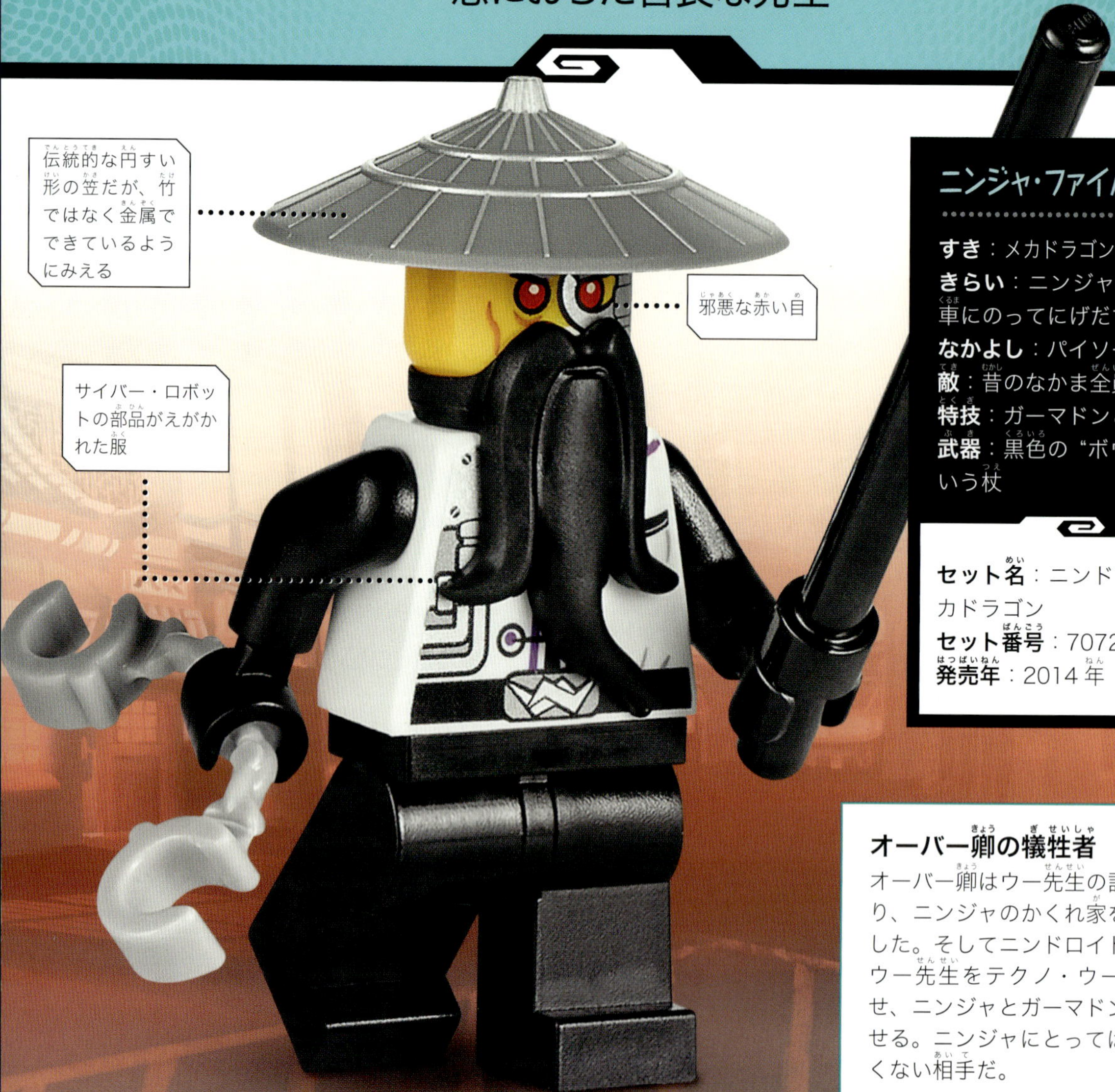

伝統的《でんとうてき》な円《えん》すい形《けい》の笠《かさ》だが、竹《たけ》ではなく金属《きんぞく》でできているようにみえる

邪悪《じゃあく》な赤《あか》い目《め》

サイバー・ロボットの部品《ぶひん》がえがかれた服《ふく》

ニンジャ・ファイル

すき：メカドラゴンをとばすこと
きらい：ニンジャがニャーの車《くるま》にのってにげだすこと
なかよし：パイソー
敵《てき》：昔《むかし》のなかま全員《ぜんいん》
特技《とくぎ》：ガーマドンと戦《たたか》うこと
武器《ぶき》：黒色《くろいろ》の“ボウ（棒《ぼう》）”という杖《つえ》

セット名《めい》：ニンドロイド・メカドラゴン
セット番号《ばんごう》：70725
発売年《はつばいねん》：2014年《ねん》

オーバー卿《きょう》の犠牲者《ぎせいしゃ》

オーバー卿《きょう》はウー先生《せんせい》の記憶《きおく》をさぐり、ニンジャのかくれ家《が》を見《み》つけだした。そしてニンドロイドを使《つか》ってウー先生《せんせい》をテクノ・ウーに変身《へんしん》させ、ニンジャとガーマドンをおそわせる。ニンジャにとっては、戦《たたか》いたくない相手《あいて》だ。

テクノ・ウーは、運悪《うんわる》くオーバー卿《きょう》につかまって邪悪《じゃあく》なロボットに変《か》えられたウー先《せん》生《せい》のすがただ。テクノ・ウーは、闇《やみ》におちたことをあらわす黒色《くろいろ》をまとっており、白《しろ》い服《ふく》とあごひげのやさしい先生《せんせい》はいなくなってしまった。ニンジャは大《だい》すきな先生《せんせい》を永遠《えいえん》に失《うしな》ってしまったのだろうか？

P.I.X.A.L.(ピクサル)

最高《さいこう》のアンドロイド

まめ知識《ちしき》

ピクサルだけでなく、15 体《たい》のまったく同《おな》じアンドロイドがデジタル・オーバー卿《きょう》のためにはたらいているよ。

この顔《かお》の反対側《はんたいがわ》はしかめっ面《つら》で赤《あか》い目《め》をしており、オーバー卿《きょう》にあやつられていることをしめしている

スパイク・ブレードは、ニンドロイドがよく使《つか》うノコギリ型《がた》の武器《ぶき》ににている

ニンジャ・ファイル

すき:パズル
きらい:ニンドロイド
なかよし:ゼン
敵《てき》:デジタル・オーバー卿《きょう》
特技《とくぎ》:テクノロジーを使《つか》うこと
武器《ぶき》:スパイク・ブレード

セット名《めい》:ニンジャコプター
セット番号《ばんごう》:70724
発売年《はつばいねん》:2014 年《ねん》

かけがえのない友《とも》

ゼンが電脳《でんのう》の剣《つるぎ》でピクサルをハッキングすると、つめたく機械的《きかいてき》だったピクサルは、よき友人《ゆうじん》へと変《か》わった。ふたりは多《おお》くのニンドロイドを破壊《はかい》する。ピクサルの電源《でんげん》が落《お》ちたとき、ゼンは自分《じぶん》の電力装置《でんりょくそうち》の半分《はんぶん》をピクサルに分《わ》けあたえた。そのおかげでピクサルは助《たす》かったのだ!

P.I.X.A.L.《ピクサル》(第《だい》3 世代対話型《せだいたいわがた》アンドロイド)はアンドロイド、つまりロボットだ。デジタル・オーバー卿《きょう》にあやつられていたとき、ニンドロイド軍団《ぐんだん》をつくるためにひつようなゼンのプログラムをコピーした。だが、ゼンのハッキングによって自分《じぶん》をあやつるプログラムからときはなたれ、生《い》き方《かた》を変《か》えることになる。

勝《か》つための
準備《じゅんび》は
できているぞ!
S3454
©LEGO

自分《じぶん》のニンドロイド軍団《ぐんだん》をつくるためには？

すぐれたハッカーになること

デジタルの世界《せかい》をよく知《し》ること

感情《かんじょう》よりも理論《りろん》をえらぶこと

かしこく攻撃《こうげき》すること

クリプトー将軍《しょうぐん》

ニンドロイド軍団《ぐんだん》のリーダー

ロボットの目《め》がついたニンジャのずきん
レーザー・ロケット・ランチャー
レーザーを発《はっ》射《しゃ》するボタン

ニンジャ・ファイル

すき：おしゃべり
きらい：けられること
なかよし：ニンドロイド
敵《てき》：カイ、ニンジャ
特技《とくぎ》：レーザー・ビームを発《はっ》射《しゃ》すること
武器《ぶき》：レーザー・ロケット・ランチャー、バズーカ砲《ほう》

セット名《めい》：カイ・ファイター、ニンドロイド・メカドラゴン、デストラクトイド
セット番号《ばんごう》：70721、70725、70726
発売年《はつばいねん》：2014年《ねん》

クリプトー将軍《しょうぐん》はニンドロイド軍団《ぐんだん》のリーダーであり、オーバー卿《きょう》の次《つぎ》にえらい。がっしりしたヨロイからわかるように、もっともパワフルで進化《しんか》したニンドロイドだ。クリプトーはおしゃべりで短気《たんき》な性格《せいかく》で、自分《じぶん》は世界一《せかいいち》の戦士《せんし》だとしんじている。そのため、よく敵《てき》の能力《のうりょく》を見《み》くびっていたい目《め》にあうのだ。

破壊的《はかいてき》なデストラクトイド

クリプトー将軍《しょうぐん》は、デストラクトイドという戦車《せんしゃ》を、360度《ど》回転《かいてん》する運転席《うんてんせき》で操縦《そうじゅう》する。そしてディスク・シューターからレーザーやミサイルを発射《はっしゃ》し、カミソリのようにするどい刃《は》で敵《てき》を攻撃《こうげき》するのだ。

ニンドロイド・ウォリアー

ハイテクの戦闘《せんとう》マシン

ニンジャ・ファイル

すき：ニンドロイド・ジェット・ファイター
きらい：つかまえられること
なかよし：なかまのウォリアー
敵《てき》：ゼン――ウォリアーの設《せっ》計図《けいず》の元《もと》になった
特技《とくぎ》：まとをはずさないこと
武器《ぶき》：ダブル・レーザー・ブレード

セット名《めい》：サンダー・レーダー、ニンジャコプター、X-1《エックスワン》ニンジャ・チャージャー、ニンジャゴー・シティの戦《たたか》い、ダレスVS《ブイエス》ニンドロイド
セット番号《ばんごう》：70723、70724、70727、70728、5002144
発売年《はつばいねん》：2014年《ねん》

道着《どうぎ》の下《した》にサイバー・ロボットの部品《ぶひん》が見《み》える
ダブル・レーザー・ブレード

空中攻撃《くうちゅうこうげき》

70725番《ばん》のセットに入《はい》っているニンドロイド・ウォリアーは、ジェットパックを背負《じお》い、オノとノコギリとヤリを合《あ》わせた武器《ぶき》で戦《たたか》う。

ニンドロイド・ウォリアーは、ピクサルがスキャンしたゼンのプログラムをもとにつくられたロボット兵《へい》だ。ゼンよりもがんじょうで動《うご》きがすばやく、身《み》のこなしが軽《かる》い優秀《ゆうしゅう》な兵士《へいし》だが、感情《かんじょう》は持《も》っていない。オーバー卿《きょう》のくだす命令《めいれい》にしたがってニンジャと戦《たたか》うことを、ただひとつの目的《もくてき》としている。

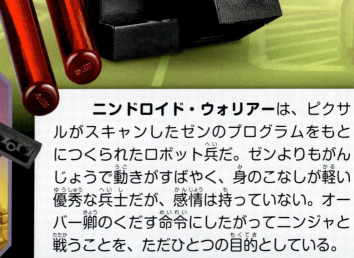

ニンドロイド・ドローン

感情《かんじょう》のないロボット兵《へい》

たてにふたつに分《わ》かれたロボットの顔《かお》がえがかれた、ウォリアーと同《おな》じパーツ

ドローンがえらんだ武器《ぶき》は銀色《ぎんいろ》のサイ

ニンジャ・ファイル

すき：考《かんが》えなくてもいいこと
きらい：ショートすること
なかよし：なかまのドローン
敵《てき》：善良《ぜんりょう》になったアンドロイド全員《ぜんいん》
特技《とくぎ》：ブレードをぬすむこと
武器《ぶき》：銀色《ぎんいろ》のサイ

セット名《めい》：ホバー・ハンター、ニンジャゴー・シティの戦《たたか》い
セット番号《ばんごう》：70720、70728
発売年《はつばいねん》：2014年《ねん》

空中《くうちゅう》から戦場《せんじょう》へ

70724番《ばん》のセットでは、ニンドロイド軍団《ぐんだん》が使《つか》うアタック・グライダーに、首《くび》に特別《とくべつ》なパーツをつけてオノをふりまわすニンドロイド・ドローンがのっている。

まめ知識《ちしき》

胴体《どうたい》のもようはニンドロイド・ウォリアーとちがうけど、背中《せなか》のノコギリ・ブレードの紋章《もんしょう》は同《おな》じだよ。

ニンドロイド・ドローンは、ニンドロイド軍団《ぐんだん》の手《て》ごわいロボット兵《へい》。おそろしい表情《ひょうじょう》をうかべた真《ま》っ赤《か》な目《め》で敵《てき》をにらみつけ、三《み》つまたのサイをあやつってたくみに戦《たたか》うのだ。ドローンはニンドロイド・ウォリアーとはちがってカブトをかぶっておらず、頭《あたま》がむきだしになっている。

ミンドロイド

小《ちい》さな体《からだ》で、大《おお》きなトラブルをおこす！

まめ知識《ちしき》

ミンドロイドの背《せ》がひくいのは、さいごにつくられたからなんだよ。材《ざい》料《りょう》の金属《きんぞく》がたりなかったんだって！

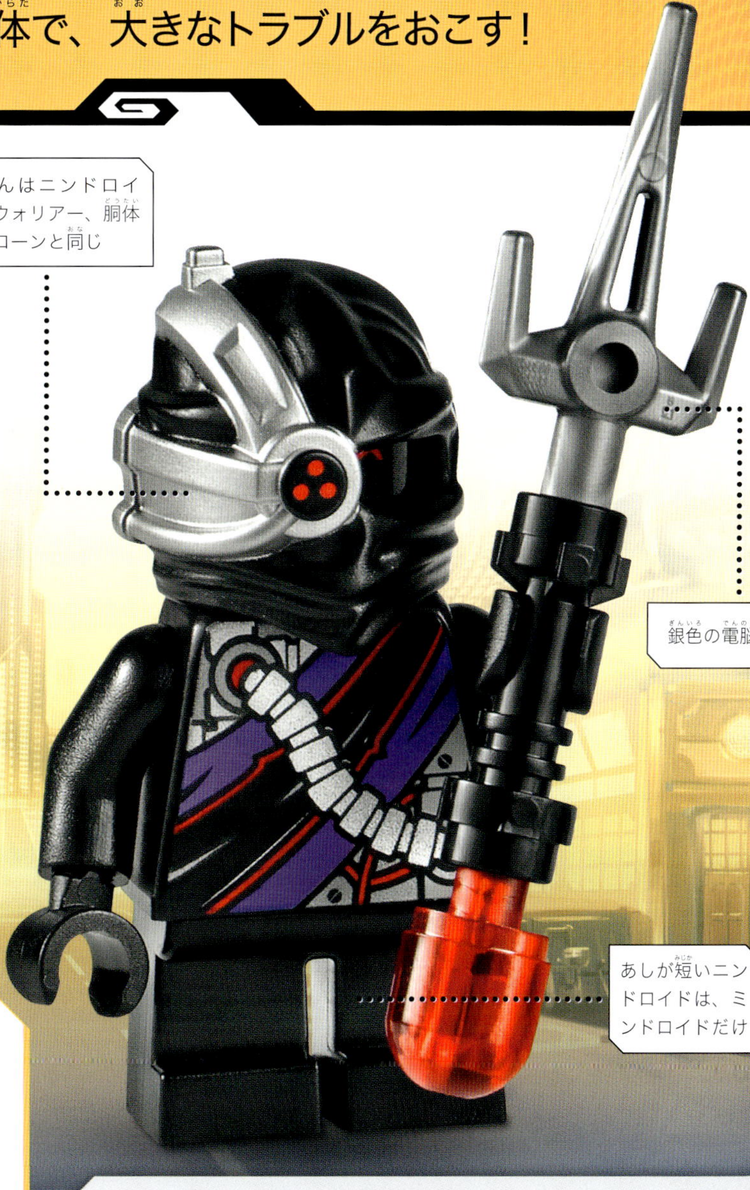

ずきんはニンドロイド・ウォリアー、胴体《どうたい》はドローンと同《おな》じ
銀色《ぎんいろ》の電脳《でんのう》の短剣《たんけん》
あしが短《みじか》いニンドロイドは、ミンドロイドだけ

ニンジャ・ファイル

すき：はらを立《た》てること
きらい：身長《しんちょう》をからかわれること
なかよし：テクノ・ウー
敵《てき》：体《からだ》の大《おお》きないじめっ子《こ》、ニンジャたち
特技《とくぎ》：ニンジャを破滅《はめつ》させること
武器《ぶき》：電脳《でんのう》の短剣《たんけん》

セット名《めい》：デストラクトイド
セット番号《ばんごう》：70726
発売年《はつばいねん》：2014年《ねん》

グルグル回《まわ》る武器《ぶき》

ニンドロイド軍団《ぐんだん》は、ホバー・ハンターやディスク・フライヤーといった攻撃用《こうげきよう》メカを持《も》っている。どれも丸《まる》くて回転《かいてん》する、ギザギザの刃《は》がついているぞ。

ミンドロイドは体《からだ》こそ小《ちい》さいものの、とてもすぐれた戦闘能力《せんとうのうりょく》をそなえている。ミンドロイドという名前《なまえ》をつけたのはクリプトー将軍《しょうぐん》だ。ミンドロイド自身《じしん》は背《せ》がひくいことを気《き》にしており、身長《しんちょう》のことをからかわれるとすぐにおこる。声《こえ》を出《だ》すことができないため、かわりに電子音《でんしおん》を発《はっ》して考《かんが》えを伝《つた》えるのだ。

ダレス

もうひとりのニンジャ？

持《も》っているカンフーのトロフィーは、実《じつ》はみんなにせもの

えりつきのシャツの上《うえ》に、あしにもようの入《はい》った道《どう》着《ぎ》を着《き》ている

ニンジャ・ファイル

すき：注目《ちゅうもく》されること
きらい：不器用《ぶきよう》なこと
なかよし：冒険《ぼうけん》ずきのニンジャ
敵《てき》：悪《わる》いやつら
特技《とくぎ》：ブレードをぬすむこと
武器《ぶき》：シャベル、トロフィー……なんでもあり！

セット名《めい》：ダレスVS《ブイエス》ニンドロイド
セット番号《ばんごう》：5002144
発売年《はつばいねん》：2014年《ねん》

モージョー道場《どうじょう》

ダレスはニュー・ニンジャゴー・シティに“モージョー道場《どうじょう》”という小《ちい》さな道場《どうじょう》をひらいている。そして、ロイドを訓練《くんれん》するのに道場《どうじょう》を使《つか》いたいとたのみにきたニンジャたちと友《とも》だちになった。

ダレスは、オールバックにした髪《かみ》をテカテカ光《ひか》らせ、いつも金色《きんいろ》のメダルをぶら下《さ》げている。自分《じぶん》ではカンフーの師匠《ししょう》だと名《な》のっているが、ニンジャたちはダレスがなにも技《わざ》を持《も》っていないことにすぐ気《き》がついた。ニンジャたちはこの新《あたら》しい友《とも》だちをからかって、ダレスが着《き》ている道着《どうぎ》の色《いろ》から“ブラウン・ニンジャ”と名前《なまえ》をつけたんだ。

ウー先生《せんせい》

再起動後《さいきどうご》

円《えん》すい形《けい》をした金色《きんいろ》の笠《かさ》

伝統的《でんとうてき》な“ボウ（棒《ぼう》）”という杖《つえ》

きれいなもようの道着《どうぎ》を着《き》ている

まめ知識《ちしき》

ウー先生《せんせい》の道着《どうぎ》には、花《はな》の紋章《もんしょう》がプリントされているものがある。この紋章《もんしょう》は、運命《うんめい》をあらわすんだよ。

ニンジャ・ファイル

すき：善《ぜん》のために戦《たたか》うこと
きらい：邪悪《じゃあく》なロボットに変《か》えられること
なかよし：ガーマドン
敵《てき》：いない——ウー先生《せんせい》はだれとでもなかよくなりたいのだ
特技《とくぎ》：善《ぜん》を広《ひろ》めること
武器《ぶき》：信《しん》じられる杖《つえ》

書籍名《しょせきめい》：『LEGO®《レゴ》NINJAGO《ニンジャゴー》 Secret《シークレット》 World《ワールド》 of《オブ》 the《ザ》 Ninja《ニンジャ》』
発売年《はつばいねん》：2015年《ねん》

金色《きんいろ》のかざりの道着《どうぎ》

ウー先生《せんせい》の新《あたら》しい特別《とくべつ》な道着《どうぎ》は、金色《きんいろ》の複雑《ふくざつ》なふち取《ど》りと花《はな》の紋章《もんしょう》でかざられており、帯《おび》も金色《きんいろ》だ。背中《せなか》には大《おお》きな花《はな》の紋《もん》章《しょう》があしらわれているぞ。

ウー先生《せんせい》が帰《かえ》ってきた！　オーバー卿《きょう》がひとまずすがたを消《け》し、以前《いぜん》のかしこくて善良《ぜんりょう》な先生《せんせい》がもどってきたのだ。しかし、休《やす》んでいるひまはない。ウーは持《も》てる技《わざ》をすべて使《つか》い、ゴールデン・マスター（デジタル・オーバー卿《きょう》）を完全《かんぜん》に破壊《はかい》するため、ニンジャをひきいて危険《きけん》な戦《たたか》いにいどまねばならないのだ。

ニンジャVS《ブイエス》マスター・チェンとアナコンドライ軍《ぐん》

『レゴ®ニンジャゴー』のシーズン4では、ゼンを失《うしな》ったニンジャたちが、エレメント・トーナメントへの招待状《しょうたいじょう》を受《う》けとったことでふたたび団結《だんけつ》する。さあ、ニンジャたちとともにミステリアスな島《しま》へ旅《たび》しよう。新《あら》たなピンチや友《とも》だち、大事件《だいじけん》が、14種類《しゅるい》のセットでニンジャを待《ま》ちうける！

マスター・チェン

アナコンドライ軍《ぐん》のリーダー

アナコンドライ族《ぞく》の頭《ず》がい骨《こつ》と背骨《せぼね》、そしてむらさき色《いろ》の大《おお》きなヘビを頭《あたま》にまきつけている

口《くち》ひげとあごひげ、もみあげのあるユニークな顔《かお》

きばのネックレス

ヘビのウロコのもようがついた道着《どうぎ》

まめ知識《ちしき》

マスター・チェンはその昔《むかし》、邪悪《じゃあく》だったガーマドンとクラウズを訓練《くんれん》して、ウー先生《せんせい》をたおそうとしていたよ。

ニンジャ・ファイル

すき：邪悪《じゃあく》な計画《けいかく》、ややこしい作戦《さくせん》
きらい：頭《あたま》のよくない崇拝者《すうはいしゃ》
なかよし：忠実《ちゅうじつ》なクラウズ
敵《てき》：アナコンドライ族《ぞく》でないもの
特技《とくぎ》：人《ひと》をだますこと
武器《ぶき》：エレメント・ケーン

セット名《めい》：アナコン蛇《へび》コプター、アナコン神殿《しんでん》
セット番号《ばんごう》：70746、70749
発売年《はつばいねん》：2015年《ねん》

エレメント・ケーン

マスター・チェンの杖《つえ》にはエレメント・パワーをすいとってたくわえる力《ちから》がある。この杖《つえ》を持《も》つものはだれでも、吸収《きゅうしゅう》したエレメントを使《つか》うことができるのだ。

マスター・チェンは、おこりっぽいまやかしのマスター。エレメント・トーナメントをひらくが、それはエレメント・マスターからエレメント・パワーをぬすむためのわなだった。ぬすんだパワーで崇拝者《すうはいしゃ》たちに魔術《まじゅつ》をかけてアナコンドライ族《ぞく》に変《か》え、ニンジャゴーの世界《せかい》を破壊《はかい》しようとたくらんでいるのだ。

パイソー

よみがえったアナコンドライ族《ぞく》の生《い》きのこり

一族《いちぞく》の中《なか》でもユニークな、カーブした長《なが》い首《くび》
ギザギザしたブロンズ・ブレードはふつうの剣《けん》よりもかっこよくて重《おも》い
頭《あたま》と胴体《どうたい》に入《はい》っているプリントは、今《いま》では白《しろ》地《じ》にむらさき色《いろ》

ニンジャ・ファイル

すき：平和《へいわ》としずけさ
きらい：ヘビヘビ族《ぞく》にふりかかる苦難《くなん》
なかよし：気高《けだか》いニンジャ
敵《てき》：にせアナコンドライ族《ぞく》
特技《とくぎ》：透明《とうめい》になること
武器《ぶき》：ブロンズ・ブレード

セット名《めい》：ニンジャマシンDB《ディービー》 X《エックス》
セット番号《ばんごう》：70750
発売年《はつばいねん》：2015年《ねん》

手《て》を組《く》む悪党《あくとう》たち

優秀《ゆうしゅう》な戦略家《せんりゃくか》であるパイソーは、マスター・チェンやオーバー卿《きょう》がニンジャゴ　の世界《せかい》をのっとる計画《けいかく》を手《て》伝《つだ》う。まずはガーマドン先生《せんせい》をたおさなくてはならない！

パイソーはグレート・ヘビヘビに飲《の》みこまれ、復活《ふっかつ》したものの真《ま》っ白《しろ》になってしまった。色《いろ》はちがうが、見《み》おぼえのある敵《てき》だ！パイソーは、もう一度《いちど》ヘビヘビ族《ぞく》によってニンジャゴーの世界《せかい》を支配《しはい》したいと考《かんが》えているため、ニンジャに復《ふく》しゅうしようとしているオーバー卿《きょう》と手《て》を組《く》んだのだ。

トーナメント・カイ

炎《ほのお》のようにあつく戦《たたか》う

ニンジャ・ファイル

すき：勝《か》つこと
きらい：秘密《ひみつ》
なかよし：スカイラー
敵《てき》：カーロフ、マスター・チェン
特技《とくぎ》：信用《しんよう》をえること
武器《ぶき》：両刃《りょうば》の剣《けん》、カマ型《がた》のヒスイの剣《つるぎ》

セット名《めい》：カイの水上《すいじょう》バイク、アナコン・ジャングルトラップ、バトル・トーナメント・ドウジョウ
セット番号《ばんごう》：30293、70752、70756
発売年《はつばいねん》：2015 年《ねん》

まめ知識《ちしき》

2種類《しゅるい》のヒスイの剣《つるぎ》を使《つか》うニンジャは、カイだけだ。ひとつは両刃《りょうば》の剣《けん》に、もうひとつはカマににた武器《ぶき》だ。

トーナメント1回戦《かいせん》

トーナメント・アリーナで対決《たいけつ》したカイとカーロフは、強力《きょうりょく》なヒスイの剣《つるぎ》を手《て》に入《い》れるためあつい戦《たたか》いをくりひろげる。カーロフはメタルのこぶしでブレードをつかむが、カイにこぶしをはずされて、トーナメントから脱落《だつらく》した。

トーナメント・カイは、マスター・チェンにあたえられたそでのない道着《どうぎ》で、エレメント・トーナメントにのぞむ。この道着《どうぎ》はニンジャの身《み》のこなしにうってつけの軽《かる》さで、胸《むね》あてがついていて守《まも》りもばっちり。カイはマスター・チェンのたくらみをうたがおうともせずに、早速《さっそく》トーナメントに挑戦《ちょうせん》する。

トーナメント・コール

だまされ、わなにはめられる

ニンジャ・ファイル

すき：なかまともう一度団《いちどだん》結《けつ》すること
きらい：地下牢《ちかろう》へのなぞの落《お》とし戸《ど》、めん類《るい》
なかよし：ゼン
敵《てき》：マスター・チェンの手《て》下《した》たち
特技《とくぎ》：牢屋《ろうや》からにげること
武器《ぶき》：カマ型《がた》のヒスイの剣《つるぎ》

セット名《めい》：マグマブリッジ
セット番号《ばんごう》：70753
発売年《はつばいねん》：2015年《ねん》

顔《かお》をかくす、道着《どうぎ》と同《おな》じ黒色《くろいろ》のマスク

カマ型《がた》のヒスイの剣《つるぎ》

道着《どうぎ》には、カイ、コール、ジェイ、そしてロイドのエレメントをあらわす紋《もん》章《しょう》がしめされている

ラーメン監獄《かんごく》

コールは優秀《ゆうしゅう》だが、トーナメントでは負《ま》けてしまった。マスター・チェンの手下《てした》はコールをさらって地下《ちか》牢《ろう》にとじこめる。コールはエレメント・パワーをうばわれ、なんとラーメン工場《こうじょう》ではたらかされるのだ！

トーナメント・コールは、全身《ぜんしん》を黒色《くろいろ》でかためてヒスイの剣《つるぎ》で武装《ぶそう》している。そのすがたは、かつてないほど真剣《しんけん》だ！　コールはよく作戦《さくせん》をねり、武器《ぶき》をあやつる技術《ぎじゅつ》とその強大《きょうだい》なパワーで、トーナメントで実力《じつりょく》を見《み》せつける。だが新《あたら》しい道着《どうぎ》だけでは、マスター・チェンのわなからぬけだせないようだ。

トーナメント・ジェイ

恋愛運《れんあいうん》ゼロ

ニンジャ・ファイル

すき：悪《あく》をたおすこと
きらい：なかまと戦《たたか》うこと
なかよし：ニャー
敵《てき》：コール、マスター・チェン
特技《とくぎ》：すごいスピードですばやく動《うご》くこと
武器《ぶき》：ヤリ型《がた》のヒスイの剣《つるぎ》

セット名《めい》：ジェイのナノメカ、ニンジャ・バトルウォーカー
セット番号《ばんごう》：30292、70754
発売年《はつばいねん》：2015 年《ねん》

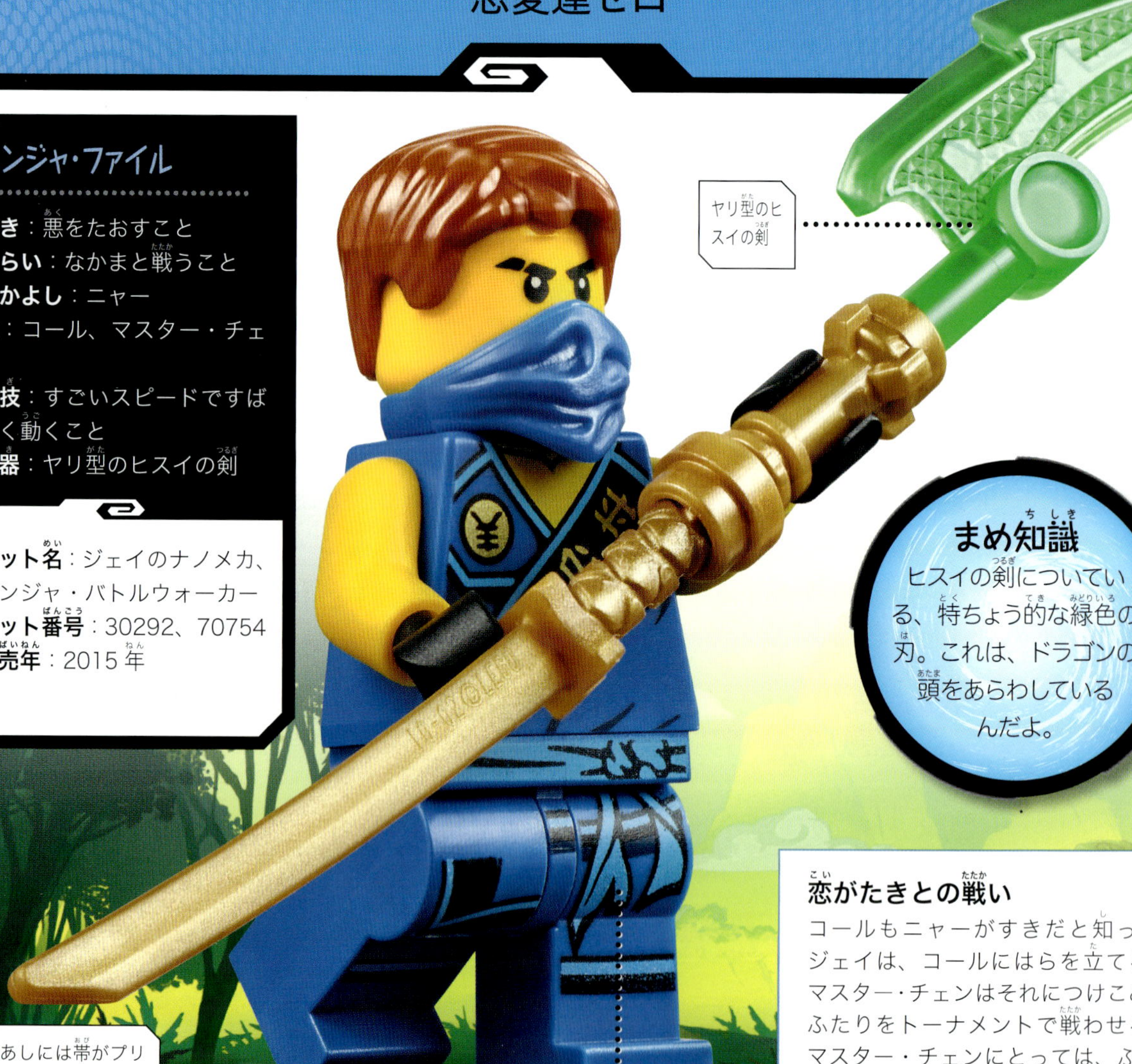

ヤリ型《がた》のヒスイの剣《つるぎ》

あしには帯《おび》がプリントされ、ひざにももようがある

まめ知識《ちしき》

ヒスイの剣《つるぎ》についている、特《とく》ちょう的《てき》な緑色《みどりいろ》の刃《は》。これは、ドラゴンの頭《あたま》をあらわしているんだよ。

恋《こい》がたきとの戦《たたか》い

コールもニャーがすきだと知《し》ったジェイは、コールにはらを立《た》てる。マスター・チェンはそれにつけこみ、ふたりをトーナメントで戦《たたか》わせる。マスター・チェンにとっては、ふたりのニンジャがトーナメントから脱《だっ》落《らく》したもようなものだ。

トーナメント・ジェイは、軽《かる》くてしなやかな新《あたら》しいトーナメント用《よう》の道着《どうぎ》をまとっている。この道着《どうぎ》は、トーナメント・アリーナでスピードとすばやさを見《み》せつけるのにぴったりだ。ヤリ型《がた》のヒスイの剣《つるぎ》をかまえるジェイは、トーナメント・アリーナの中《なか》でも、その外《そと》でもすぐれた戦士《せんし》だ。対戦相手《たいせんあいて》は気《き》をつけろ！

トーナメント・ロイド

ジャングル行《い》き

ニンジャ・ファイル

すき：ジャングルや島《しま》など、新《あたら》しい場所《ばしょ》に行《い》くこと
きらい：不運《ふうん》なトラブルを引《ひ》きおこすこと
なかよし：おそれを知《し》らないカイ
敵《てき》：マスター・チェン
特技《とくぎ》：人《ひと》を助《たす》けること
武器《ぶき》：フレール型《がた》のヒスイの剣《つるぎ》

セット名《めい》:ジャングルレーサー
セット番号《ばんごう》：70755
発売年《はつばいねん》：2015年《ねん》

まめ知識《ちしき》

だいたいのコスチュームはニンジャ全員《ぜんいん》が着《き》ていたけど、トーナメントのコスチュームはゼンの分《ぶん》がないんだ。

フレール型《がた》のヒスイの剣《つるぎ》はヌンチャクのような武器《ぶき》だ

ジャングルレーサー

ロイドのかっこいい緑色《みどりいろ》のオフロード・マシンは、大《おお》きなタイヤにとげがついており、ジャングルのでこぼこした地面《じめん》を走《はし》るのにうってつけだ。フロント・シューターで武装《ぶそう》していて、邪悪《じゃあく》なアナコンドライ族《ぞく》と戦《たたか》うことができる。

トーナメント・ロイドの新《あたら》しい道着《どうぎ》も、なかまのニンジャと同《おな》じように、戦士《せんし》としての高《たか》い実力《じつりょく》をしめしている。さいごの挑戦者《ちょうせんしゃ》としてマスター・チェンと戦《たたか》うロイドは、邪悪《じゃあく》なリーダーをたおすために、自分《じぶん》のエレメント・パワーをすべて発揮《はっき》することとなる。

クラウズ

マスター・チェンの一番《いちばん》の部下《ぶか》

ニンジャ・ファイル

すき：おそろしい呪文《じゅもん》
きらい：暗黒世界《あんこくせかい》
なかよし：マスター・チェン——ラーメンをただで食《た》べさせてくれるから！
敵《てき》：ガーマドン
特技《とくぎ》：黒魔術《くろまじゅつ》
武器《ぶき》：黒魔術《くろまじゅつ》の書《しょ》

セット名《めい》：チタニウムドラゴン
セット番号《ばんごう》：70748
発売年《はつばいねん》：2015年《ねん》

まめ知識《ちしき》

クラウズは、自分《じぶん》と崇拝者《すうはいしゃ》たちをアナコンドライ族《ぞく》に変《か》えるマスター・チェンの計画《けいかく》に、力《ちから》をかしているよ。

マスター・チェンの弟子《でし》

クラウズはわかかりし日《ひ》のガーマドンといっしょに、マスター・チェンのもとで修行《しゅぎょう》をつんだ。勝《か》ったほうがマスター・チェンの一番弟子《いちばんでし》になれるといわれた対決《たいけつ》で、ガーマドンはずるをして勝《か》ち、クラウズはやぶれた。それ以来《いらい》、クラウズはガーマドンをうらみつづけている。

クラウズは、むらさき色《いろ》の道着《どうぎ》をまとった、よこしまな黒魔術《くろまじゅつ》マスターだ。マスター・チェンがひきいるアナコンドライ軍《ぐん》の一員《いちいん》で、ヘビの頭《あたま》ときばがデザインされたヨロイをほこらしげに身《み》につけている。マスター・チェンがすべてのエレメント・パワーを集《あつ》めたとき、クラウズは黒魔術《くろまじゅつ》を使《つか》って、兵士《へいし》たちをアナコンドライ族《ぞく》に変《か》えるのだ。

スカイラー

コハク・エレメント・マスター

矢《や》と矢筒《やづつ》
漢字《かんじ》の六《ろく》――スカイラーは6番目《ばんめ》のニンジャになるのか？
ひざあて

ニンジャ・ファイル

すき：赤色《あかいろ》、カイ
きらい：悪魔《あくま》みたいな父親《ちちおや》
なかよし：カイ
敵《てき》：アナコンドライ族《ぞく》
特技《とくぎ》：ほかの人《ひと》のエレメント・パワーをコピーして使《つか》うこと
武器《ぶき》：石弓《いしゆみ》

セット名《めい》：アナコン蛇《へび》コプター
セット番号《ばんごう》：70746
発売年《はつばいねん》：2015年《ねん》

まめ知識《ちしき》

スカイラーの母親《ははおや》は、コハク・エレメント・マスターだった。でも彼女《かのじょ》が今《いま》どこにいるのか、だれも知《し》らない。

家族《かぞく》のきずな

トーナメント中《ちゅう》に、スカイラーがマスター・チェンのむすめだということが明《あ》かされる。父親《ちちおや》がどれほど邪《じゃ》悪《あく》な男《おとこ》かを知《し》ったスカイラーは、父《ちち》親《おや》を思《おも》う気持《きも》ちと、正《ただ》しいことをしたいという思《おも》いの間《あいだ》で苦《くる》しむ。

スカイラーの道着《どうぎ》は、コハク・エレメント・パワーをあらわしている。コハク・エレメント・パワーを持《も》つものは、ふれるだけでほかのパワーをコピーして使《つか》うことができる。ニンジャとして修行《しゅぎょう》をつんだ弓矢《ゆみや》の名手《めいしゅ》であるスカイラーも、エレメント・トーナメントにいどむ。彼女《かのじょ》は信用《しんよう》できるのだろうか？

カーロフ

メタル・エレメント・マスター

ニンジャ・ファイル

すき：ピカピカの金属《きんぞく》
きらい：戦《たたか》いに負《ま》けるかもしれないと考《かんが》えること
なかよし：対戦相手《たいせんあいて》のカイ
敵《てき》：どろぼうスカイラー
特技《とくぎ》：パワーがつまったパンチ、工学《こうがく》
武器《ぶき》：メタルのこぶし

セット名《めい》：バトル・トーナメント・ドウジョウ
セット番号《ばんごう》：70756
発売年《はつばいねん》：2015 年《ねん》

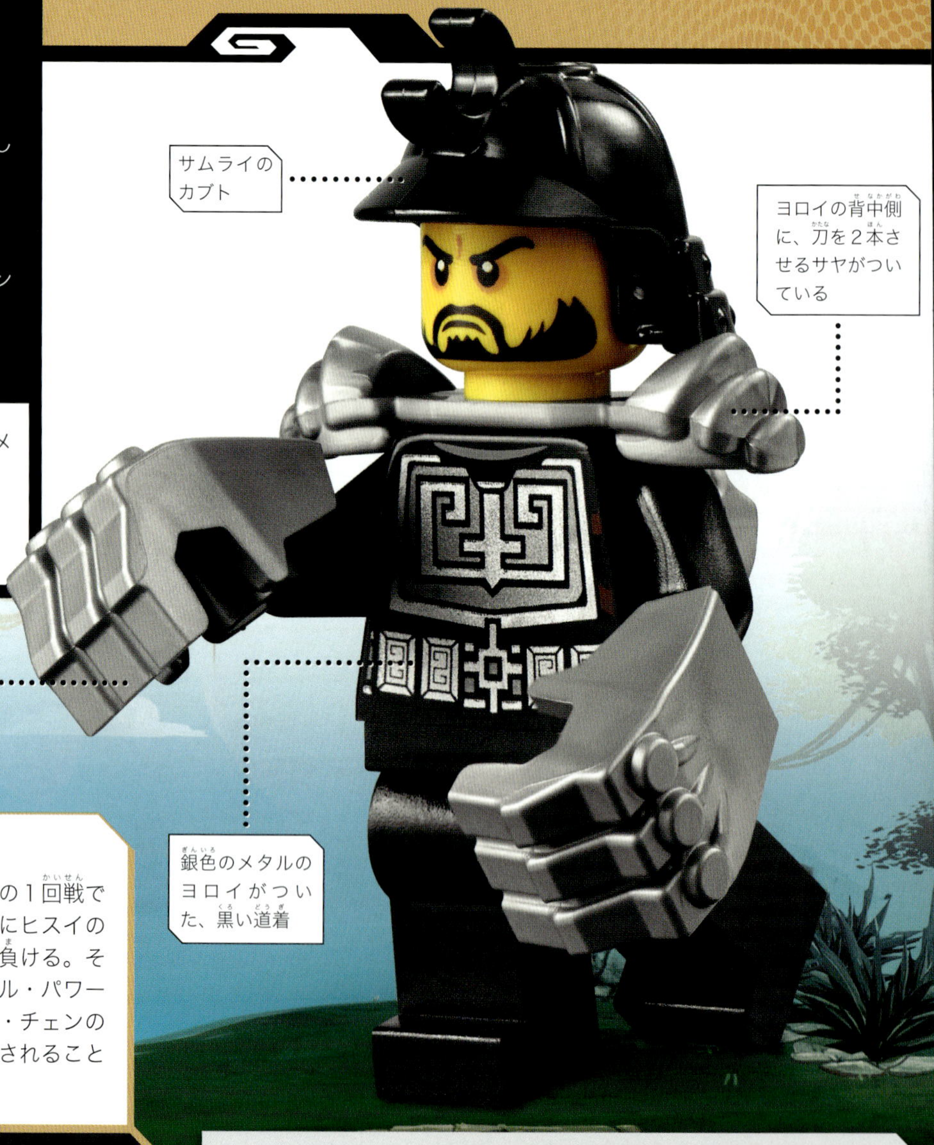

サムライのカブト
ヨロイの背中側《せなかがわ》に、刀《かたな》を２本《ほん》させるサヤがついている
このパーツは『レゴ®チーマ』のゴリラにも使《つか》われている
銀色《ぎんいろ》のメタルのヨロイがついた、黒《くろ》い道着《どうぎ》

１回戦負《かいせんま》け

カーロフはトーナメントの１回戦《かいせん》でカイと対戦《たいせん》するが、カイにヒスイの剣《つるぎ》をたくみにうばわれて負《ま》ける。そして秘密《ひみつ》の地下室《ちかしつ》でメタル・パワーをぬきとられ、マスター・チェンのラーメン工場《こうじょう》ではたらかされることになってしまった！

カーロフは、力《ちから》じまんのメタル・エレメント・マスター。なみはずれた力《ちから》とスタミナで、戦闘技術《せんとうぎじゅつ》の不足《ふそく》をおぎなっている。カーロフは自分《じぶん》の体《からだ》をかたいメタルに、両手《りょうて》を巨大《きょだい》なメタルのこぶしに変《か》えることができるため、すさまじいパンチをくりだせるのだ。メタロニア出身《しゅっしん》で、かつてはメカニックやエンジニアとしてはたらいていた。

グリフィン・ターナー

スピード・エレメント・マスター

ダブルフェイスのうらはサングラスをはずした顔《かお》
グリフィンは杖《つえ》を武器《ぶき》として使《つか》う
特別《とくべつ》な道着《どうぎ》

ニンジャ・ファイル

すき：レースに勝《か》つこと
きらい：おくれること
なかよし：ニンジャ
敵《てき》：ずるいマスター・チェン
特技《とくぎ》：もうスピード、キックボクシング
武器《ぶき》：“ボウ（棒《ぼう》）” という杖《つえ》

セット名《めい》：バトル・トーナメント・ドウジョウ
セット番号《ばんごう》：70756
発売年《はつばいねん》：2015 年《ねん》

まめ知識《ちしき》

レゴ® のセットに登場《とうじょう》したエレメント・マスターは、グリフィン、スカイラー、カーロフの 3 人《にん》だけなんだよ。

ニンジャのなかま

グリフィンはエレメント・パワーを見《み》せびらかすのがすきで、負《ま》けずぎらい。だがマスター・チェンのたくらみに気《き》づき、ニンジャとともに戦《たたか》うことを決めた。

グリフィン・ターナーはおそるべきスピードで走《はし》ることができる。まばたきしてたら見《み》えないぞ！　赤《あか》いサングラスをかけ、走《はし》りやすいようにくふうされた道着《どうぎ》をまとったグリフィンは、自分《じぶん》のことをイケていると思《おも》っている。トーナメントで勝《か》ち進《すす》むが、やがてマスター・チェンのわなにはまってパワーをぬきとられてしまう。

アナコンドライ軍《ぐん》を つくるためには？

わくわくするトーナメントで注意《ちゅうい》をそらすこと

エレメント・マスターをへんぴな場所《ばしょ》へよびよせること

マスターたちからパワーをぬすみ、魔術《まじゅつ》を完成《かんせい》させること

軍団《ぐんだん》がおそろしいヘビヘビに変《か》わるさまを見《み》まもること!

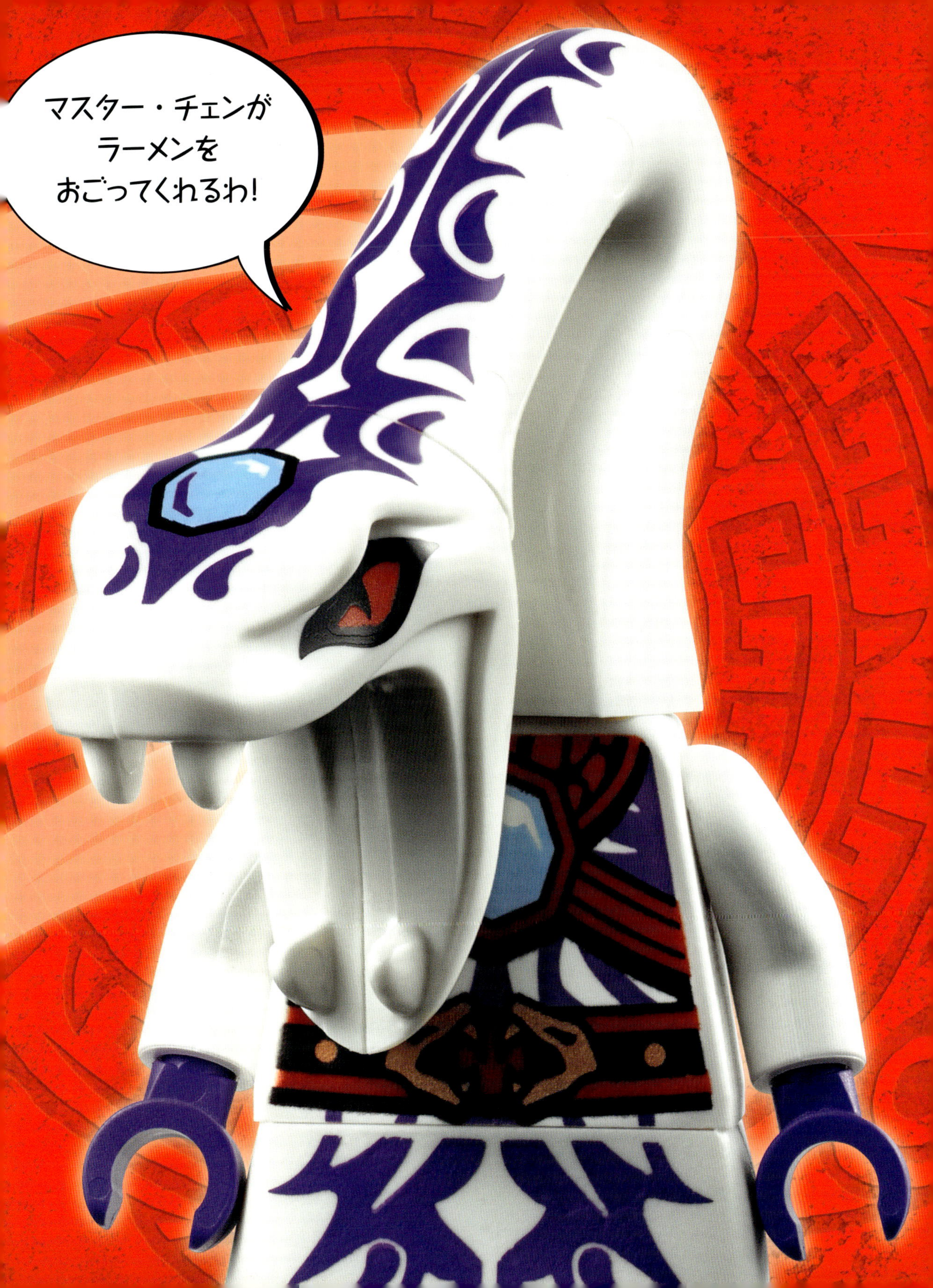
マスター・チェンがラーメンをおごってくれるわ!

アイザー

アナコンドライ軍《ぐん》の将軍《しょうぐん》

ニンジャ・ファイル

すき：こわがらせること
きらい：ことば──つべこべ言《い》ってないで行動《こうどう》しろ！
なかよし：いない。なかよしってたたきのめせないんだろ？
敵《てき》：おこっているカイ
特技《とくぎ》：人《ひと》をいじめること
武器《ぶき》：アナコンドライ・ブレード

セット名《めい》：アナコン蛇《へび》コプター
セット番号《ばんごう》：70746
発売年《はつばいねん》：2015年《ねん》

ほかの兵士《へいし》はヘビのカブトをかぶっているが、アイザーはモヒカンがりの髪《かみ》だ

ヘビの頭《あたま》のバックルのベルト、ヘビのきばのネックレス、革《かわ》ベストが特《とく》ちょう

むらさき色《いろ》のギザギザの刃《は》がついた、骨《ほね》でできたアナコンドライ・ブレード

銀色《ぎんいろ》のチェーンとバックルがプリントされたあし

アナコン蛇《へび》コプター

アイザーがアナコン蛇《へび》コプターで、ジャングルをにげるスカイラーを追《お》いかける。このマシンは、翼《つばさ》を飛行《ひこう》モードと攻撃《こうげき》モードに切《き》りかえられ、ミサイルとネットを発射《はっしゃ》できる。

敵《てき》をつかまえるネットがヘビの口《くち》から飛《と》びだす

アイザーはマスター・チェンの右《みぎ》うでで、アナコンドライ軍《ぐん》のどうもうな将軍《しょうぐん》だ。そのパンクな見《み》た目《め》に、ねらわれたものはふるえあがる。アイザーはマスター・チェンのまっとうでない仕事《しごと》にもよろこんで手《て》をかしている。ラーメン工場《こうじょう》の経営《けいえい》を手伝《てつだ》い、囚人《しゅうじん》たちがさぼったりにげだしたりしないよう、見《み》はっているのだ。

ズグ

アナコンドライ軍《ぐん》の将軍《しょうぐん》

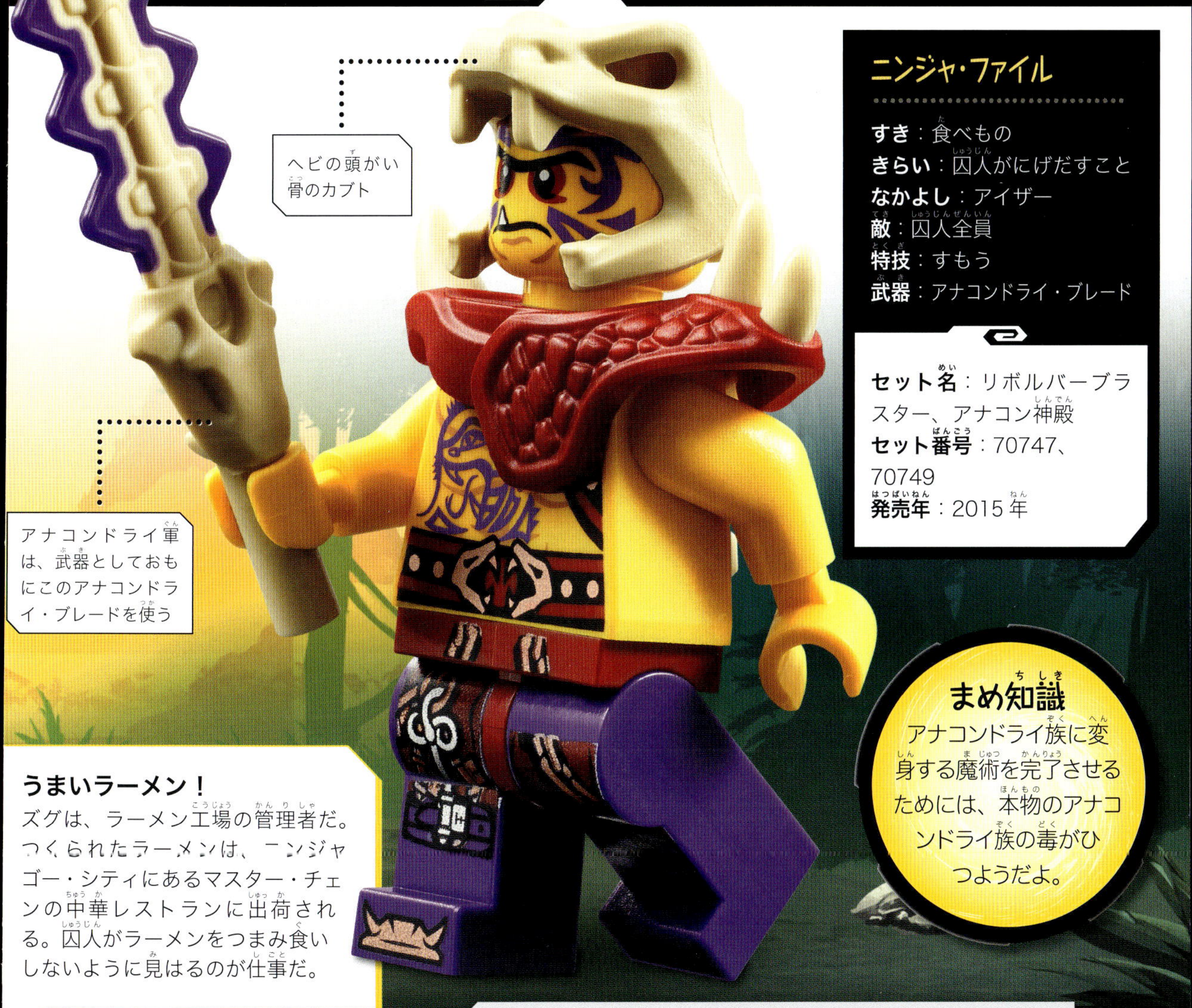

ヘビの頭《ず》がい骨《こつ》のカブト

アナコンドライ軍《ぐん》は、武器《ぶき》としておもにこのアナコンドライ・ブレードを使《つか》う

ニンジャ・ファイル

すき：食《た》べもの
きらい：囚人《しゅうじん》がにげだすこと
なかよし：アイザー
敵《てき》：囚人全員《しゅうじんぜんいん》
特技《とくぎ》：すもう
武器《ぶき》：アナコンドライ・ブレード

セット名《めい》：リボルバーブラスター、アナコン神殿《しんでん》
セット番号《ばんごう》：70747、70749
発売年《はつばいねん》：2015年《ねん》

まめ知識《ちしき》

アナコンドライ族《ぞく》に変《へん》身《しん》する魔術《まじゅつ》を完了《かんりょう》させるためには、本物《ほんもの》のアナコンドライ族《ぞく》の毒《どく》がひつようだよ。

うまいラーメン！

ズグは、ラーメン工場《こうじょう》の管理者《かんりしゃ》だ。つくられたラーメンは、ニンジャゴー・シティにあるマスター・チェンの中華《ちゅうか》レストランに出荷《しゅっか》される。囚人《しゅうじん》がラーメンをつまみ食《ぐ》いしないように見《み》はるのが仕事《しごと》だ。

ズグは乱暴者《らんぼうもの》で、かつてはすもうとりだった。マスター・チェンひきいるアナコンドライ軍《ぐん》で手《て》がらを立《た》てて出世《しゅっせ》し、ふたりの将軍《しょうぐん》のうちのひとりになった。体《からだ》が大《おお》きくて力《ちから》が強《つよ》く、ニンジャたちにとっては手《て》ごわい敵《てき》だ。ズグとアイザーは、囚人《しゅうじん》をこわがらせるのが楽《たの》しくてたまらないらしい。

スレブン

アナコンドライ軍《ぐん》のパイロット

顔《かお》と胴体《どうたい》にほられたヘビのタトゥー
きばの形《かたち》の短剣《たんけん》
ヘビのバックル

ニンジャ・ファイル

すき：マスター・チェン
きらい：ヘビ
なかよし：クラウズ、マスター・チェン
敵《てき》：はやいグリフィン
特技《とくぎ》：メカを操縦《そうじゅう》すること
武器《ぶき》：カマ

セット名《めい》：アナコンドライ族《ぞく》のバトルメカ、リボルバーブラスター、マグマブリッジ、バトル・トーナメント・ドウジョウ
セット番号《ばんごう》：30291、70747、70753、70756
発売年《はつばいねん》：2015 年《ねん》

まめ知識《ちしき》

アナコンドライ族《ぞく》は、戦《たたか》いがうまく、さらに透《とう》明《めい》にもなれる。対戦相手《たいせんあいて》は動《うご》きが読《よ》めなくて苦労《くろう》するぞ！

そっくりなミニフィギュア

スレブンの胴体《どうたい》とあしのパーツは、戦友《せんゆう》のクレイトと同《おな》じだ。ふたりの戦士《せんし》のちがいは、顔《かお》にプリントされたタトゥーと表情《ひょうじょう》だけ。スレブンは歯《は》をむき出《だ》しにしており、クレイトはきずあとのある口《くち》をかたくとじている。

スレブンは、マスター・チェンの軍隊《ぐんたい》の中《なか》では、かなりひかえめでこわがりな戦士《せんし》だ。ヘビをおそれており、自分《じぶん》もヘビになると考《かんが》えただけでぞっとする。それでもマスター・チェンに対《たい》しては忠実《ちゅうじつ》にしたがい、アナコンドライ・バトル・メカを操縦《そうじゅう》する仕事《しごと》にまじめに取《と》りくんでいる。

チョペ

アナコンドライ軍《ぐん》の戦士《せんし》

顔《かお》をおおうタトゥー
ヘビのタトゥーと胸《むね》の筋肉《きんにく》がえがかれた胴体《どうたい》

ニンジャ・ファイル

すき：はでなニックネーム
きらい：命令《めいれい》されること——自分《じぶん》がボスになりたい
なかよし：カパウ
敵《てき》：ニンジャ全員《ぜんいん》
特技《とくぎ》：出世《しゅっせ》すること
武器《ぶき》：ヤリ

セット名《めい》：ニンジャ・バトルウォーカー
セット番号《ばんごう》：70754
発売年《はつばいねん》：2015年《ねん》

まめ知識《ちしき》

このチョペはまだアナコンドライ族《ぞく》になっていないから、アナコンドライ族特有《ぞくとくゆう》のしっぽがないんだ。

バトルウォーカーとの対決《たいけつ》

強力《きょうりょく》なバトルウォーカーにのったジェイとチョペが戦《たたか》う！　だが大《おお》きなこぶしとデュアルシューターを前《まえ》に、チョペはまったく歯《は》が立《た》たない。

チョペは、主人《しゅじん》のどんなに邪悪《じゃあく》な命令《めいれい》にもよろこんでしたがう乱暴者《らんぼうもの》。いつも、アナコンドライ軍《ぐん》のヘビのタトゥーをほこらしげに見《み》せびらかしている。まじめにアナコンドライ軍《ぐん》の仕事《しごと》に取《と》りくんだことをみとめられ、相棒《あいぼう》の兵士《へいし》 カパウといっしょに、マスター・チェンのそばでつかえることになる。

カパウ

野心家《やしんか》のアナコンドライ軍《ぐん》の戦士《せんし》

歯《は》が見《み》える
両《りょう》はしにきばの形《かたち》の刃《は》のついた短剣《たんけん》

ニンジャ・ファイル

すき：出世《しゅっせ》すること
きらい：アイザーのギャグ
なかよし：チョペ
敵《てき》：ニンジャ全員《ぜんいん》
特技《とくぎ》：権力《けんりょく》を手《て》に入《い》れること
武器《ぶき》：ダブルヘッドのきばの短剣《たんけん》

セット名《めい》：ニンジャマシンDB X《ディービー エックス》、ジャングルレーサー
セット番号《ばんごう》：70750、70755
発売年《はつばいねん》：2015年《ねん》

挑戦者《ちょうせんしゃ》をじゃまする作戦《さくせん》

マスター・チェンは、ヒスイの剣《つるぎ》をさがしているエレメント・マスターたちをじゃまするよう、手下《てした》に命《めい》じる。カパウと相棒《あいぼう》のチョペはよろこんでその任《にん》務《む》をやりとげようとするが、混乱《こんらん》を引《ひ》きおこす。

カパウには、これといった技術《ぎじゅつ》や才能《さいのう》はないが、出世《しゅっせ》したいという野心《やしん》はだれにも負《ま》けない！　マスター・チェンの側近《そっきん》にえらばれることは彼《かれ》の夢《ゆめ》だったが、その夢《ゆめ》がかなったとき、それが自分《じぶん》の実力《じつりょく》以上《いじょう》の地位《ちい》だと気《き》づくことになる。だがそんなことで、ご主人《しゅじん》さまに自分《じぶん》を売《う》りこむことをやめるカパウではない！

クレイト

アナコンドライ軍《ぐん》の子分《こぶん》

まめ知識《ちしき》

アナコンドライ軍《ぐん》のミニフィギュアの中《なか》で、スレブンとクレイトだけは胸《むね》のタトゥーが同《おな》じなんだよ。

ニンジャ・ファイル

すき：ヘビヘビ族《ぞく》
きらい：変《へん》そうしたニンジャにだまされること
なかよし：カパウ、アイザー
敵《てき》：エレメント・マスター
特技《とくぎ》：まきをわること
武器《ぶき》：骨《ほね》のオノ

セット名《めい》：アナコンクラッシャー、アナコン・ジャングルトラップ、クレイト
セット番号《ばんごう》：70745、70752、901503
発売年《はつばいねん》：2015年《ねん》

口《くち》のきずあと
クレイトの胴《どう》とあしのパーツは、スレブンのミニフィギュアとまったく同《おな》じ
骨《ほね》の柄《え》のオノで戦《たたか》う

秘密《ひみつ》の変《へん》そう

マスター・チェンのたくらみをつきとめたいニンジャたち。そこでマスター・チェンの兵士《へいし》を４人《にん》つかまえて彼《かれ》らの服《ふく》をまとい、チョコレートで顔《かお》にタトゥーをえがいて、アナコンドライ神殿《しんでん》にしのびこんだ。

クレイトはマスター・チェンのたくましい手下《てした》のひとりだ。マスター・チェンの邪悪《じゃあく》な命令《めいれい》をことごとく守《まも》り、アナコンドライ軍《ぐん》のために全《ぜん》力《りょく》をつくす。クレイトはアナコンドライ軍《ぐん》の目《もく》的《てき》を達成《たっせい》するためにはなんでもするのだ。この強力《きょうりょく》なオノの使《つか》い手《て》と戦《たたか》うには、ニンジャは持《も》てるパワーと技《わざ》のすべてを使《つか》わねばならない。

チョペライ

変身《へんしん》したチョペ

ニンジャ・ファイル

すき：ニョロニョロはうこと
きらい：がんじょうだがすべりやすいむらさき色《いろ》の皮《ひ》ふ
なかよし：カパウライ
敵《てき》：ウー先生《せんせい》——負《ま》けたから
特技《とくぎ》：攻撃《こうげき》の先頭《せんとう》に立《た》つこと
武器《ぶき》：アナコンドライ・ブレード

セット名《めい》：チタニウムドラゴン、ニンジャマシン DB《ディービー》 X《エックス》
セット番号《ばんごう》：70748、70750
発売年《はつばいねん》：2015 年《ねん》

するどいギザギザの刃《は》がついた、骨《ほね》でできたブレード

肩《かた》あてにはとがったきばのかざりがついている

まめ知識《ちしき》

ウー先生《せんせい》がよびだしたアナコンドライ族《ぞく》のゴーストが、チョペライたちを暗黒《あんこく》世界《せかい》へ追放《ついほう》するんだよ。

変身《へんしん》の儀式《ぎしき》

クリスタルの洞窟《どうくつ》で、アナコンドライ族《ぞく》へ変身《へんしん》するための最初《さいしょ》の儀式《ぎしき》がおこなわれる。チョペとカパウは、クラウズの黒魔術《くろまじゅつ》の書《しょ》に書《か》かれている変身《へんしん》の呪文《じゅもん》を読《よ》みあげたんだ。

チョペライは、アナコンドライ族《ぞく》になったチョペのすがた。パイソーの毒《どく》で魔術《まじゅつ》が完成《かんせい》し、戦士《せんし》たちはアナコンドライ族《ぞく》に変身《へんしん》した。剣《けん》をあやつる悪《わる》がしこいヘビであるチョペライは、マスター・チェンを助《たす》けてニンジャゴーの世界《せかい》をのっとろうとする。エレメント・マスターはこのおそろしい敵《てき》をたおすことができるだろうか？

カパウライ

変身《へんしん》したカパウ

ニンジャ・ファイル

すき：新《あたら》しいしっぽ
きらい：暗黒世界《あんこくせかい》へ追《お》いはらわれること
なかよし：チョペライ
敵《てき》：ウーのなかま全員《ぜんいん》
特技《とくぎ》：監獄《かんごく》の見《み》はり
武器《ぶき》：アナコンドライ・ブレード

セット名《めい》：アナコン神殿《しんでん》
セット番号《ばんごう》：70749
発売年《はつばいねん》：2015 年《ねん》

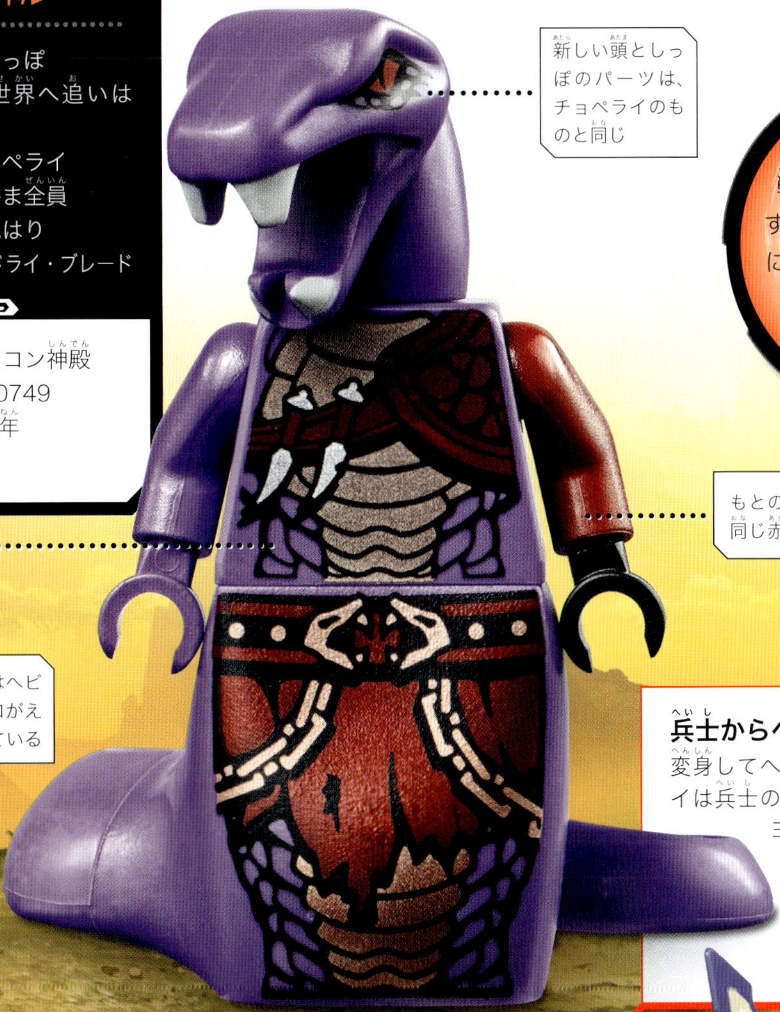
新《あたら》しい頭《あたま》としっぽのパーツは、チョペライのものと同《おな》じ
もとのすがたと同《おな》じ赤《あか》い左《ひだり》うで
胴体《どうたい》にはヘビのウロコがえがかれている

まめ知識《ちしき》

戦士《せんし》がずっと変身《へんしん》したすがたのままでいるためには、本物《ほんもの》のアナコンドライ族《ぞく》の毒《どく》がひつようなんだよ。

兵士《へいし》からヘビへ

変身《へんしん》してヘビになっても、カパウライは兵士《へいし》のすがただったときと同《おな》じヨロイを着《き》ている。しかし、あしが大《おお》きなヘビのしっぽに変《か》わったので、服《ふく》はビリビリにやぶれてしまった。

カパウライは、アナコンドライ族《ぞく》になったカパウのすがた。ヨロイに身《み》をつつみ、きばをむきだしにした、おそろしいヘビだ。黒魔術《くろまじゅつ》とパイソーの毒《どく》の力《ちから》で夢《ゆめ》をかなえ、永遠《えいえん》にアナコンドライ族《ぞく》のすがたになった。マスター・チェンの指示《しじ》にしたがい、運命《うんめい》の谷《たに》へエレメント・マスターとの最終決戦《さいしゅうけっせん》に向《む》かう！

ジャングル・カイ

ヘビをつかまえろ！

まめ知識《ちしき》

カイはスカイラーを信《しん》じることで、うたぐり深《ぶか》い心《こころ》に打《う》ちかち、ファイヤー・ドラゴンをときはなったよ。

ニンジャ・ファイル

すき：ジャングルでかくれんぼをすること
きらい：なかまの敵《てき》みんな
なかよし：スカイラー
敵《てき》：マスター・チェン
特技《とくぎ》：マスター・チェンをだますこと
武器《ぶき》：金色《きんいろ》の刀《かたな》

セット名《めい》：アナコンクラッシャー、ニンジャマシンDB《ディービー》 X《エックス》
セット番号《ばんごう》：70745、70750
発売年《はつばいねん》：2015年《ねん》

赤色《あかいろ》は、ジャングルでかくれるのには向《む》かないかもしれない
胸《むね》に炎《ほのお》の紋章《もんしょう》がえがかれたケースのついた、革《かわ》ベルトをしめている
革《かわ》でできたベルトに、2本《ほん》のクナイという武器《ぶき》をさしている

エレメントのきずな

スカイラーが父親《ちちおや》からにげるのを助《たす》けたとき、スカイラーもカイがすきだとやっとみてめてくれた。やったね！

ジャングル・カイは、うっそうとしたしげみの中《なか》で戦《たたか》うのにぴったりな、新《あたら》しい道着《どうぎ》をまとっている。顔《かお》をかくすずきんをつけて、ヘビヘビ族《ぞく》の兵士《へいし》に奇襲《きしゅう》をかけるぞ！　ニンジャたちは、マスター・チェンのおそろしい島《しま》のジャングルで、いまわしいアナコンドライ軍《ぐん》と戦《たたか》わねばならないのだ。

ジャングル・コール

ラーメン工場《こうじょう》から脱出《だっしゅつ》！

ニンジャ・ファイル

すき：悪党《あくとう》をたおすこと
きらい：もどってきた敵《てき》、たとえばヘビヘビ族《ぞく》
なかよし：ゼン
敵《てき》：アナコンドライ軍《ぐん》の見《み》はり役《やく》
特技《とくぎ》：リボルバーブラスターを操縦《そうじゅう》すること
武器《ぶき》：刀《かたな》、短剣《たんけん》

セット名《めい》：リボルバーブラスター
セット番号《ばんごう》：70747
発売年《はつばいねん》：2015 年《ねん》

コールのエレメントのシンボル
矢《や》じりの形《かたち》のナイフが、革《かわ》のベルトにさしこまれている
革《かわ》のひざあて

まめ知識《ちしき》

マスター・チェンの新《あたら》しいアナコンドライ軍《ぐん》をたおすには、ジャングルの奥《おく》まで彼《かれ》らを追《お》いかけねばならない。

脱獄《だつごく》

コールは回転《かいてん》ジェット機《き》、リボルバーブラスターにのって、ラーメン工場《こうじょう》の監獄《かんごく》からついに脱出《だっしゅつ》する。ミサイルを８連続《れんぞく》で発射《はっしゃ》できる装置《そうち》でかべを爆破《ばくは》し、アナコンドライ軍《ぐん》の見《み》はりの上《うえ》をとんでいくのだ。

ジャングル・コールの新《あたら》しい道着《どうぎ》は、ジャングルでの戦《たたか》いにうってつけだ。マスター・チェンの島《しま》での事件《じけん》をとおして、コールが内《うち》に秘《ひ》めた強《つよ》い心《こころ》や、真《しん》のニンジャとしての自覚《じかく》の強《つよ》さがわかった。コールは、新《あら》たな敵《てき》であるヘビヘビ族《ぞく》を、どんなことをしてもニンジャゴーの世界《せかい》から追《お》いだすと、かたく決意《けつい》しているぞ！

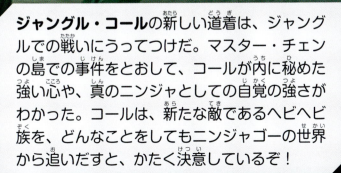

ジャングル・ジェイ

わなにはまって身動《みうご》きがとれない

ニンジャ・ファイル

すき：なかまを助《たす》けること
きらい：ヘビヘビ族《ぞく》のわな
なかよし：カーロフ
敵《てき》：スレブン
特技《とくぎ》：脱出計画《だっしゅつけいかく》をかっこよく実行《じっこう》すること
武器《ぶき》：金色《きんいろ》のサイ

セット名《めい》：アナコン神殿《しんでん》
セット番号《ばんごう》：70749
発売年《はつばいねん》：2015 年《ねん》

金色《きんいろ》のサイ
イナズマの紋章《もんしょう》がえがかれたケースのついた、革《かわ》ベルト

まめ知識《ちしき》

『レゴ®ニンジャゴー』のテレビ・シリーズでは、ジェイはアナコンドライ神殿《しんでん》の地下《ちか》にとじこめられるよ。

絶体絶命《ぜったいぜつめい》？

アナコンドライ軍《ぐん》は、ジェイをジャングルの奥《おく》にある神殿《しんでん》にとじこめる。ジェイは、階段《かいだん》にしこまれたバネじかけのシューターや毒《どく》の球《たま》、落《お》としあなをよけて、なかまを助《たす》けに行《い》くことができるだろうか？

ジャングル・ジェイは、ずきんで顔《かお》をかくし、２本《ほん》のサイとナイフで武装《ぶそう》している。頭《あたま》の回転《かいてん》がはやく、もうスピードで動《うご》けるイナズマ・マスターにとっても、ジャングルは危険《きけん》な場所《ばしょ》だ。ジェイがヘビヘビ族《ぞく》のわなにかからないためには、敵《てき》の目《め》をあざむく目新《めあたら》しい技《わざ》がひつようになるぞ！

ジャングル・ロイド

地図《ちず》を読《よ》むもの

2本《ほん》の金色《きんいろ》の刀《かたな》をしまうことができる革《かわ》でできたサヤ
アナコンドライ神殿《しんでん》への道《みち》がしめされた地図《ちず》
たいまつ

ニンジャ・ファイル

すき：ゆるぎないきずな
きらい：高《たか》いところ！
なかよし：グリーン・ドラゴン
敵《てき》：クラウズ
特技《とくぎ》：攻撃《こうげき》のチームをまとめること
武器《ぶき》：金色《きんいろ》の刀《かたな》

セット名《めい》：アナコン神殿《しんでん》
セット番号《ばんごう》：70749
発売年《はつばいねん》：2015年《ねん》

黒魔術《くろまじゅつ》と戦《たたか》う力《ちから》

ロイドはヘビヘビ族《ぞく》と戦《たたか》い、ジャングルの神殿《しんでん》を見《み》つけた。黒魔術《くろまじゅつ》で崇拝者《すうはいしゃ》をアナコンドライ族《ぞく》へ変《か》えるというマスター・チェンの計画《けいかく》を止《と》めるために、ロイドは持《も》てるパワーをすべて使《つか》うひつようがあるぞ！

ジャングル・ロイドは、ジャングルでの冒険《ぼうけん》にうってつけのコスチュームで全身《ぜんしん》をかためたグリーン・ニンジャ、ロイドのすがただ。炎《ほのお》を上《あ》げるたいまつと地図《ちず》、そして武器《ぶき》をたずさえ、ジャングルの木《こ》の葉《は》にとけこむ色《いろ》の道着《どうぎ》を着《き》て、なぞにつつまれた敵《てき》にしのびよる。その使命《しめい》は、邪悪《じゃあく》な魔《ま》術《じゅつ》を止《と》めることだ！

ニャー

変《へん》そうと偵察《ていさつ》の達人《たつじん》

ニンジャ・ファイル

すき：不意《ふい》うち攻撃《こうげき》
きらい：スパイとして正体《しょうたい》をかくして活動《かつどう》すること
なかよし：冒険《ぼうけん》ずきなニンジャ、ダレス
敵《てき》：マスター・チェン
特技《とくぎ》：変《へん》そうと秘密《ひみつ》の偵察《ていさつ》でみんなをだますこと
武器《ぶき》：黒《くろ》い刀《かたな》

セット名《めい》：ニンジャマシンDB《ディービー》 X《エックス》
セット番号《ばんごう》：70750
発売年《はつばいねん》：2015年《ねん》

金色《きんいろ》のくわがたがついた、サムライのカブト
フェイス・ガードが顔《かお》を守《まも》り、身元《みもと》をかくす
ニャーの赤色《あかいろ》と緑色《みどりいろ》のヨロイの胸《むね》には、金色《きんいろ》の不死鳥《ふしちょう》の紋章《もんしょう》が、大《おお》きくえがかれている

メイドのスパイ

頭《あたま》の回転《かいてん》がはやいニャーは、変《へん》そうと偵察《ていさつ》の達人《たつじん》だ。マスター・チェンのたくらみをつきとめてニンジャに知《し》らせるため、メイドに変《へん》そうしてマスター・チェンの宮殿《きゅうでん》に入《はい》りこむ。

ニャーはサムライのヨロイを身《み》につけ、マスター・チェンの一味《いちみ》とアナコンドライ族《ぞく》に変身《へんしん》してしまう魔術《まじゅつ》からにげた。ジャングルに入《はい》ると、にせのあしあとを残《のこ》して敵《てき》の目《め》をあざむく。ニャーは敵《てき》に見《み》つからないようにニンジャたちをさがし、マスター・チェンの邪悪《じゃあく》な計画《けいかく》をつたえなければならないのだ。

オート操縦《そうじゅう》ロボット

DB《ディービー》 X《エックス》 ロボット・ドライバー

青《あお》い小《ちい》さな頭《あたま》に、金色《きんいろ》の双眼鏡《そうがんきょう》のパーツでできた目《め》がついている

うではピストル用《よう》のパーツ

黒《くろ》いスケルトンのあしのパーツ

ニンジャ・ファイル

すき：役《やく》に立《た》つこと
きらい：自分《じぶん》の家《いえ》が攻撃《こうげき》されること
なかよし：ニャー
敵《てき》：チョペライ、カパウライ
特技《とくぎ》：ニンジャマシン DB《ディービー》 X《エックス》をたくみに操縦《そうじゅう》すること
武器《ぶき》：ニンジャマシン DB《ディービー》 X《エックス》

セット名《めい》：ニンジャマシン DB X
セット番号《ばんごう》：70750
発売年《はつばいねん》：2015 年《ねん》

まめ知識《ちしき》

ニンジャマシン DB《ディービー》 X《エックス》は、ラーメン輸送車《ゆそうしゃ》、サーカス列車《れっしゃ》、スクール・バス、岩《いわ》にすがたを変えられるよ。

ニンジャマシン DB《ディービー》 X《エックス》

メカいじりが得意《とくい》なニャーがつくったニンジャの移動基地《いどうきち》、ニンジャマシン DB《ディービー》 X《エックス》。オート操縦《そうじゅう》ロボットと、メカの形《かたち》を変《か》えられる変形機能《へんけいきのう》がついている。

オート操縦《そうじゅう》ロボットは、ニンジャマシン DB《ディービー》 X《エックス》を操縦《そうじゅう》するロボット。危険《きけん》な状況《じょうきょう》になるとスイッチが入《はい》り、ドライバーを助《たす》ける。追《お》いかけてくる敵《てき》にミサイルを発射《はっしゃ》できるよう、ドライバーを後《うし》ろの席《せき》へすわらせ、自分《じぶん》が前《まえ》の運転席《うんてんせき》にすわってハンドルをコントロールするのだ。

チタニウム・ゼン

ふたたび組《く》みたてられたアイス系《けい》ニンジャ

ずきんにはゼンのエレメントの紋章《もんしょう》がえがかれている
チタニウムのヨロイには、刀《かたな》を2本《ほん》させるサヤがついている
ベルトに手裏剣《しゅりけん》をはさんでいる

ニンジャ・ファイル

すき：自分《じぶん》の新《あたら》しいパワーを受《う》けいれること
きらい：恐怖心《きょうふしん》をいだくこと
なかよし：チタニウムドラゴン
敵《てき》：クラウズ
特技《とくぎ》：チタニウムドラゴンをときはなつこと
武器《ぶき》：金色《きんいろ》のサイ、刀《かたな》

セット名《めい》：チタニウムドラゴン
セット番号《ばんごう》：70748
発売年《はつばいねん》：2015年《ねん》

ダブルフェイス

チタニウム・ゼンはダブルフェイスで、前後《ぜんご》に顔《かお》がプリントしてある。ひとつは青色《あおいろ》の目《め》をしたメタリックな顔《かお》。もう一方《いっぽう》は顔《かお》を守《まも》る青《あお》いバイザーをかぶり、ロボットのアイピースをつけている。

チタニウム・ゼンは、組《く》みたてなおされたゼンのすがただ。ゴールデン・マスターに攻撃《こうげき》されたとき、ゼンは完全《かんぜん》に破壊《はかい》されたわけではなかったのだ！　かっこいいチタニウムのヨロイをまとったゼンは、かつてないほどかがやいている。ニンジャ・チームにふたたびくわわれる日《ひ》はもうすぐだ！

チタニウムドラゴン

ゼンのエレメント・ドラゴン

まめ知識《ちしき》

頭《あたま》がブロックでできたニンジャゴーのドラゴンとして、2番目《ばんめ》に登場《とうじょう》したのがチタニウムドラゴンだよ。

ニンジャ・ファイル

すき：ゼンをほこらしい気持《きも》ちにさせること
きらい：戦《たたか》いに負《ま》けること
なかよし：チタニウム・ゼン
敵《てき》：アナコンドライ族《ぞく》
特技《とくぎ》：敵《てき》をこおらせること
武器《ぶき》：ヨロイにおおわれた体《からだ》

セット名《めい》：チタニウムドラゴン
セット番号《ばんごう》：70748
発売年《はつばいねん》：2015年《ねん》

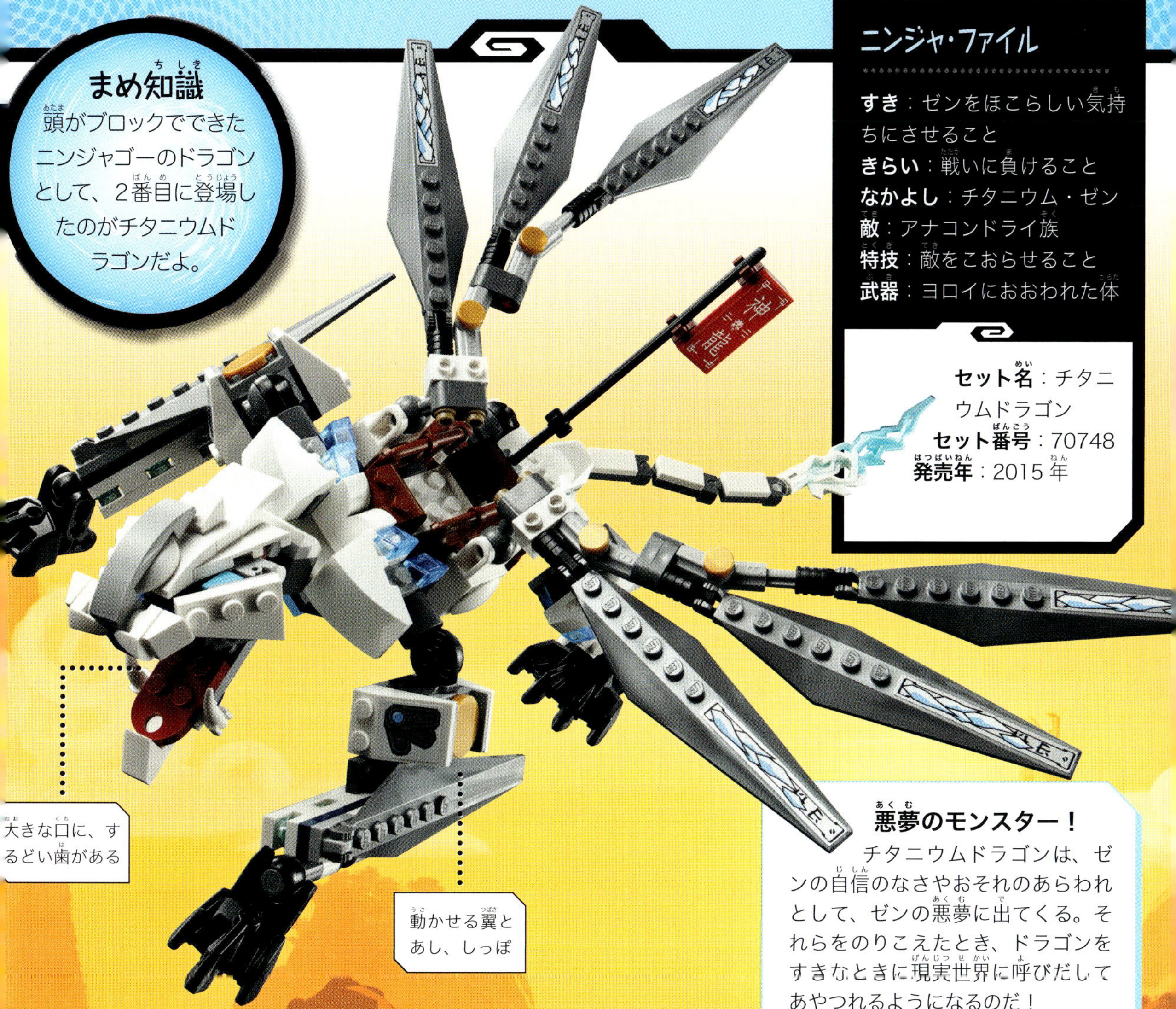
大《おお》きな口《くち》に、するどい歯《は》がある
動《うご》かせる翼《つばさ》とあし、しっぽ

悪夢《あくむ》のモンスター！

チタニウムドラゴンは、ゼンの自信《じしん》のなさやおそれのあらわれとして、ゼンの悪夢《あくむ》に出《で》てくる。それらをのりこえたとき、ドラゴンをすきなときに現実世界《げんじつせかい》に呼《よ》びだしてあやつれるようになるのだ！

チタニウムドラゴンは、高《たか》い戦闘能力《せんとうのうりょく》を持《も》つモンスターだ。その大《おお》きな体《からだ》は、戦《たたか》いのきずあとがのこるヨロイとトゲでおおわれている。するどいきばとつめを持《も》ち、とげのあるしっぽも生《は》えているぞ！　ゼンは、自分《じぶん》はもう以前《いぜん》のアイス系《けい》ニンジャではないと受《う》けいれることで、このドラゴンをあやつれるようになった。

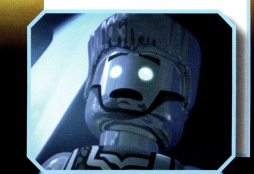

ニンジャVS《ブイエス》ゴースト・ニンジャ

『レゴ®ニンジャゴー』のシーズン５では、ゴースト軍団《ぐんだん》がニンジャゴーの世界《せかい》をおそってきて、とあるニンジャにとりついてしまう。ゴースト軍団《ぐんだん》のウィンド・マスターであるモローはとても手《て》ごわい。ニンジャたちは、合計《ごうけい》18 種類《しゅるい》のセットに入《はい》った、胸《むね》おどるミニフィギュアと、たよりになる武器《ぶき》を使《つか》ってゴースト軍団《ぐんだん》と戦《たたか》うぞ！

ディープストーン・ロイド

ゴーストとの戦《たたか》いにいどむニンジャ

ニンジャ・ファイル

すき：ニンジャゴーを守《まも》ること
きらい：ゴースト
なかよし：ディープストーン・ニンジャ
敵《てき》：モロー
特技《とくぎ》：忍耐《にんたい》
武器《ぶき》：ディープストーンの刀《かたな》

セット名《めい》：空中戦艦《くうちゅうせんかん》バウンティ号《ごう》、旋風《せんぷう》の神殿《しんでん》
セット番号《ばんごう》：70738、70751
発売年《はつばいねん》：2015 年《ねん》

緑色《みどりいろ》と黒色《くろいろ》の二重《にじゅう》になっている新《あたら》しいずきん
胸《むね》には、ロイドのエレメントのシンボルがえがかれ、背中《せなか》には創造《そうぞう》の紋章《もんしょう》が入《はい》っている
ロイドをあらわす緑色《みどりいろ》のたすきと帯《おび》

ディープストーンのバージョン

ディープストーン・ロイドのミニフィギュアは、ふたつのセットに入《はい》っている。ずきんとブロンドのヘアパーツは取《と》りかえることができる。

ディープストーン・ロイドは、ロイドの新《あたら》しいすがたである。アナコンドライ軍《ぐん》をたおしたロイドたちが次《つぎ》に戦《たたか》うのは、ひれつなモローと、モローがひきいるゴースト軍団《ぐんだん》だ。ゴーストから、ニンジャゴーの世界《せかい》を救《すく》おうとロイドははりきっているが、この新《あたら》しいヨロイは、ゴーストの暗黒《あんこく》パワーから守《まも》ってくれるのだろうか？

邪悪《じゃあく》なグリーン・ニンジャ

モローにとりつかれちゃたよ！

緑色《みどりいろ》のマスクがついたギザギザの黒《くろ》いずきんをかぶっている
予言《よげん》の剣《つるぎ》

ニンジャ・ファイル

すき：遺品《いひん》をぬすむこと
きらい：障害《しょうがい》になるもの
なかよし：モロー
敵《てき》：なかまだったニンジャ
特技《とくぎ》：モローのドラゴンをあやつること
武器《ぶき》：聖《せい》なる剣《けん》

セット名《めい》：スティークス・ゴースト屋敷《やしき》、ゴースト・モロードラゴン
セット番号《ばんごう》：70732、70736
発売年《はつばいねん》：2015年《ねん》

まめ知識《ちしき》

予言《よげん》の剣《つるぎ》には、先《さき》のことを知《し》る力《ちから》があって、この剣《けん》を持《も》っている人《ひと》は、未来《みらい》を見《み》ることができるんだよ。

敵《てき》かなかまか？

邪悪《じゃあく》なグリーン・ニンジャはバウンティ号《ごう》の上《うえ》でニンジャたちをおそい、初代《しょだい》スピン術《じゅつ》マスターの杖《つえ》をぬすもうとする。ファイヤー・マスターであるカイによって、一瞬《いっしゅん》だけほんとうの自分《じぶん》を思《おも》いだすが、すぐにまたモローにあやつられてしまった。

邪悪《じゃあく》なグリーン・ニンジャの正体《しょうたい》は、モローにとりつかれたロイドだ。モローはロイドをあやつってニンジャゴー歴史博物館《れきしはくぶつかん》へおびきよせ、すきをついてロイドの体《からだ》をのっとった。するとロイドはモローの影響《えいきょう》を受《う》けて、ゴーストのようなすがたになり、道着《どうぎ》もボロボロになってしまったのだ。

ディープストーン・ジェイ

ゴースト・ハンター

ニンジャ・ファイル

すき：ぶきみな墓《はか》
きらい：命《いのち》がけのテスト
なかよし：こわがりのコール
敵《てき》：バンシャ
特技《とくぎ》：友《とも》だちを守《まも》ること
武器《ぶき》：ディープストーン・ヌンチャク

セット名《めい》：ジェイウォーカー・ワン、スティークス・ゴースト屋敷《やしき》、ゴースト・モロードラゴン、メカバトル：ゴースト VS《ブイエス》 チタン、旋風《せんぷう》の神殿《しんでん》
セット番号《ばんごう》：70731、70732、70736、70737、70751
発売年《はつばいねん》：2015 年《ねん》

まめ知識《ちしき》

海底《かいてい》からほりだされたディープストーンは、ゴーストと戦《たたか》うとき、身《み》を守《まも》るために、役《やく》に立《た》つ物質《ぶっしつ》なんだ。

ゴースト・ゲート

ゴースト軍団《ぐんだん》につかまる前《まえ》に、ジェイはジェイ・ウォーカー・ワンにのって旋風《せんぷう》の剣《つるぎ》を手《て》に入《い》れるためゴースト・ゲートに向《む》かうのだった。

ディープストーン・ジェイは、しゃれた道着《どうぎ》とヨロイに身《み》をつつんだ強《つよ》い戦士《せんし》だ。エアー術《じゅつ》の巻物《まきもの》を手《て》に入《い》れて、ディープストーン・ヌンチャクをイナズマのはやさで投《な》げつけることができる。そしてゴースト寺《でら》のむずかしい挑戦《ちょうせん》を受《う》けるために、日《ひ》ごろからしずかに集中《しゅうちゅう》しているのだ。

ディープストーン・カイ

水《みず》がとってもこわい

ニンジャ・ファイル

すき：ロイドを救《すく》うこと
きらい：水《みず》
なかよし：ロイド
敵《てき》：モロー
特技《とくぎ》：友《とも》だちを信《しん》じること
武器《ぶき》：ディープストーンのカマ

セット名《めい》：スティークス・ゴースト屋敷《やしき》、ゴースト・モロードラゴン、旋風《せんぷう》の神殿《しんでん》
セット番号《ばんごう》：70732、70736、70751
発売年《はつばいねん》：2015年《ねん》

カイをあらわす赤色《あかいろ》のずきん
巨大《きょだい》なカマ
カイのエレメント・シンボルが前面《ぜんめん》にえがかれ、背中《せなか》には炎《ほのお》の紋章《もんしょう》がある

まめ知識《ちしき》

旋風《せんぷう》の剣《つるぎ》は、丸《まる》い手裏《しゅり》剣《けん》のような武器《ぶき》で、ゴーストに当《あ》てることで、そいつらをたおすことができるんだよ。

墓《はか》への侵入者《しんにゅうしゃ》

カイは高速《こうそく》ジェット・ボードにとびのってモロー・ドラゴンと戦《たたか》うぞ。また、初代《しょだい》スピン術《じゅつ》マスターの墓《はか》から、邪悪《じゃあく》なグリーン・ニンジャがパラレルクリスタルをぬすまないように守《まも》っているんだ。

ディープストーン・カイは、モローとゴースト軍団《ぐんだん》の悪党《あくとう》どもをたおすために、ディープストーンのカマで武装《ぶそう》して、スティークスへ向《む》かった。情熱家《じょうねつか》のカイは、なかまであるロイドを救《すく》うためなら、たとえ水《みず》がこわくても、どんなことにも立《た》ちむかう。

ディープストーン・ゼン

ニンドロイド VS《ブイエス》 ゴースト

ニンジャ・ファイル

すき：ゴーストと戦《たたか》うこと
きらい：レイスのうるさいゴーストバギー
なかよし：熱《あつ》い男《おとこ》であるカイ
敵《てき》：レイス
特技《とくぎ》：チタン・メカを操縦《そうじゅう》すること
武器《ぶき》：旋風《せんぷう》の剣《つるぎ》

セット名《めい》：メカバトル：ゴースト VS《ブイエス》 チタン、旋風《せんぷう》の神殿《しんでん》
セット番号《ばんごう》：70737、70751
発売年《はつばいねん》：2015 年《ねん》

旋風《せんぷう》の剣《つるぎ》――さわると光《ひか》る！

新《あたら》しい黒色《くろいろ》のコスチュームとディープストーンでつくられたヨロイ。このヨロイを着《き》ているものは、ゴーストにとりつかれない

メカバトル：ゴースト VS《ブイエス》 チタン

ディープストーン・ゼンは、チタン・メカのコックピットにすわってメカ・バトルにいどむ。チタン・メカにあるすごい武器《ぶき》で、４本《ほん》のうでを持《も》つおそろしいメカ・アンシュタインと対決《たいけつ》するんだ。

ディープストーン・ゼンとなって、あのチタン式《しき》ニンジャが帰《かえ》ってきた！　新《あたら》しいディープストーンの武器《ぶき》に身《み》をつつみ、アイスのパワーと同《おな》じくらいクールなゼンは、アンドロイドのすぐれた頭脳《ずのう》と、スタミナと第六感《だいろっかん》を使《つか》って、ゴーストを出《だ》しぬく。旋風《せんぷう》の剣《つるぎ》で武装《ぶそう》したゼンは、すぐれた戦士《せんし》だ！

ディープストーン・コール

とてもこわい目《め》にあう

二重《にじゅう》になっている2色《しょく》の新《あたら》しいずきんをかぶっている

新《あたら》しいカマ

ニンジャ・ファイル

すき：黒《くろ》いヨロイ
きらい：ゴースト寺《でら》
なかよし：ジェイ
敵《てき》：ソールアーチャー
特技《とくぎ》：恐怖《きょうふ》をのりこえてゴーストをたおすこと
武器《ぶき》：ディープストーンのカマ

セット名《めい》：ダブルブラスターバイク、マスタードラゴン、空中戦艦《くうちゅうせんかん》バウンティ号《ごう》、旋《せん》風《ぷう》の神殿《しんでん》
セット番号《ばんごう》：70733、70734、70738、70751
発売年《はつばいねん》：2015年《ねん》

ダブルブラスターバイク
ディープストーン・コールの近未来《きんみらい》バイクは、ゴースト軍団《ぐんだん》にそなえてサイラス・ボーグがつくった。

バイクの両側《りょうがわ》にはゴーストを爆撃《ばくげき》する砲身《ほうしん》がある

ディープストーン・コールは、とても冷静《れいせい》で集中力《しゅうちゅうりょく》のあるニンジャだ。高《たか》い戦闘技術《せんとうぎじゅつ》とそのたくましさによって、ニンジャ・チームをゴースト軍団《ぐんだん》から守《まも》る。恐怖《きょうふ》をのりこえたコールは、自分《じぶん》のことよりも友《とも》だちの安全《あんぜん》を優先《ゆうせん》するのだ。

モロー

風《かぜ》をあやつる、ゴーストのエレメント・マスター

まめ知識《ちしき》

ガーマドンがアナコンドライ族《ぞく》の将軍《しょうぐん》を暗黒世《あんこくせ》界《かい》から解放《かいほう》するすきに、モローは暗黒世界《あんこくせかい》からにげだしたんだ。

正体《しょうたい》をかくす布《ぬの》
胸《むね》にゴールドのパワーの紋章《もんしょう》がある
ボロボロのマント
ゴーストはあしが透明《とうめい》だ

ニンジャ・ファイル

すき：ウーに反論《はんろん》すること
きらい：自撮《じど》り、パラレルクリスタルをなくすこと
なかよし：ソールアーチャー
敵《てき》：ロイド
特技《とくぎ》：エアー術《じゅつ》
武器《ぶき》：ハウリング・ムチ

セット名《めい》：空中戦艦《くうちゅうせんかん》バウンティ号《ごう》、エアー術《じゅつ》フライヤーモロー式《しき》
セット番号《ばんごう》：70738、70743
発売年《はつばいねん》：2015年《ねん》

優等生《ゆうとうせい》

モローはウー先生《せんせい》の一番弟子《いちばんでし》で、最初《さいしょ》は優秀《ゆうしゅう》なモローこそが予言《よげん》されたグリーン・ニンジャだと思《おも》われていた。しかし、それはまちがいで、そのためモローはウー先生《せんせい》をさかうらみするようになったんだ。

モローは、暗黒世界《あんこくせかい》からゴーストになってもどってきた。ウー先生《せんせい》とニンジャへの復《ふく》しゅう心《しん》に燃《も》えており、ねたみにかられながら、悪知恵《わるちえ》とウィンド・エレメント・パワーを使《つか》ってロイドにとりつく。モローの目的《もくてき》は、ニンジャゴーの世界《せかい》にふたたび悪《あく》をもたらすことで、そのためにニンジャをおそうのだ。

モローのドラゴン

とりつかれたウィンド・エレメント・ドラゴン

ニンジャ・ファイル

すき：風《かぜ》のようにとぶこと
きらい：ディープストーン
なかよし：モローだけ
敵《てき》：ニンジャ
特技《とくぎ》：空《そら》から飛行船《ひこうせん》をふきとばすこと
武器《ぶき》：エネルギー・ブラスター

セット名《めい》：ゴースト・モロードラゴン
セット番号《ばんごう》：70736
発売年《はつばいねん》：2015 年《ねん》

まめ知識《ちしき》

モローのドラゴンにはあしがあるけど、ほかのゴースト・ドラゴンは、ヘビみたいなからだなんだよ。

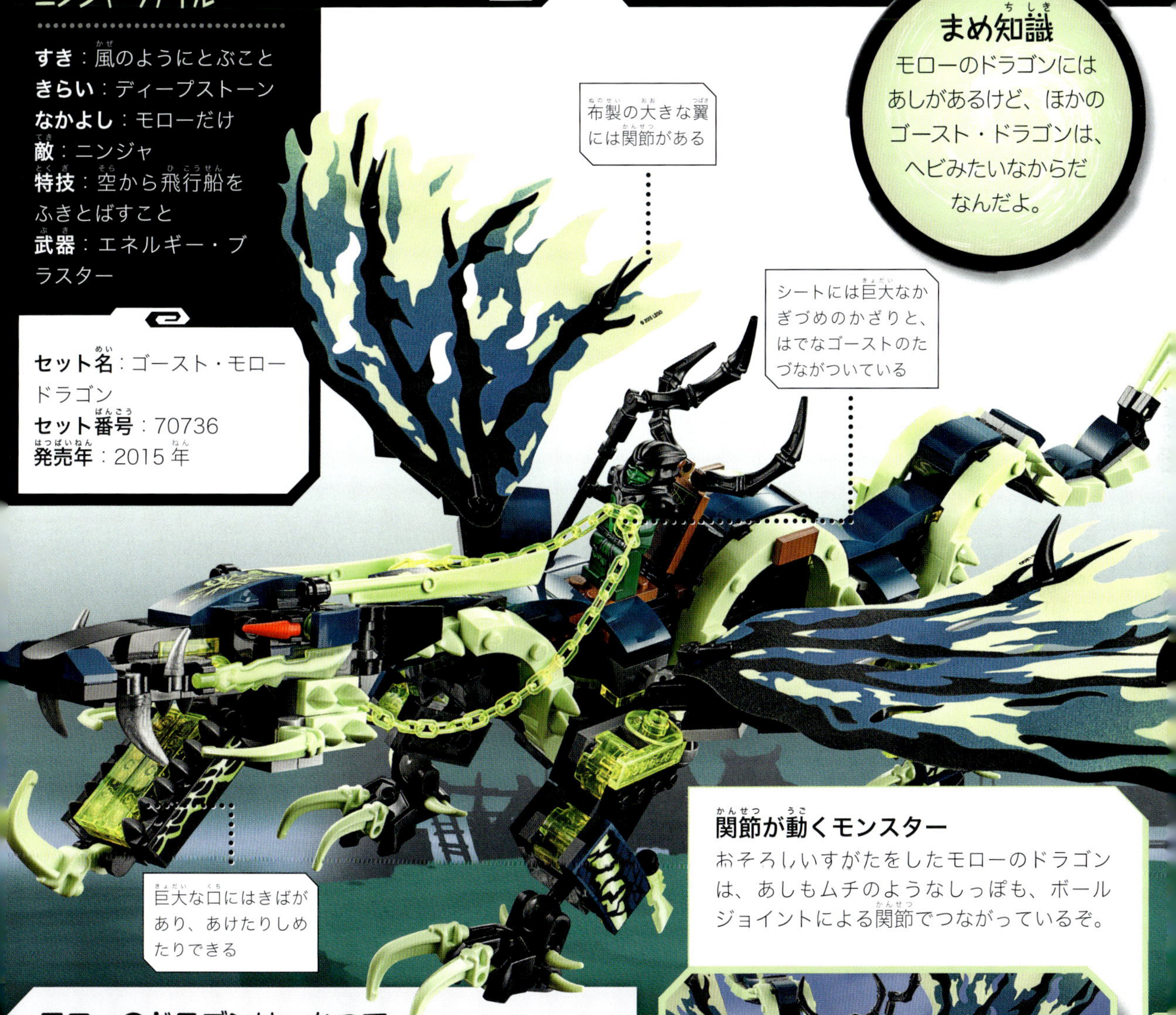

布製《ぬのせい》の大《おお》きな翼《つばさ》には関節《かんせつ》がある
シートには巨大《きょだい》なかぎづめのかざりと、はでなゴーストのたづながついている
巨大《きょだい》な口《くち》にはきばがあり、あけたりしめたりできる

関節《かんせつ》が動《うご》くモンスター

おそろしいすがたをしたモローのドラゴンは、あしもムチのようなしっぽも、ボールジョイントによる関節《かんせつ》でつながっているぞ。

モローのドラゴンは、かつてはおとなしいウィンド・エレメント・ドラゴンだったが、モローによってどうもうでいやしいゴースト・ビーストとなった。このパワフルな怪物《かいぶつ》は、邪悪《じゃあく》な主人《しゅじん》のどんな命令《めいれい》にもさからわず、きばにおおわれたその巨大《きょだい》な口《くち》で犠牲者《ぎせいしゃ》をつかまえるのだ。

ウー先生《せんせい》

隠居中《いんきょちゅう》

ニンジャ・ファイル

すき：満足《まんぞく》している客《きゃく》
きらい：邪悪《じゃあく》になった弟子《でし》
なかよし：ミサコ
敵《てき》：モロー
特技《とくぎ》：お茶《ちゃ》をいれること、ゴーストを追《お》いはらうこと
武器《ぶき》：ディープストーンの杖《つえ》

セット名《めい》：マスタードラゴン
セット番号《ばんごう》：70734
発売年《はつばいねん》：2015年《ねん》

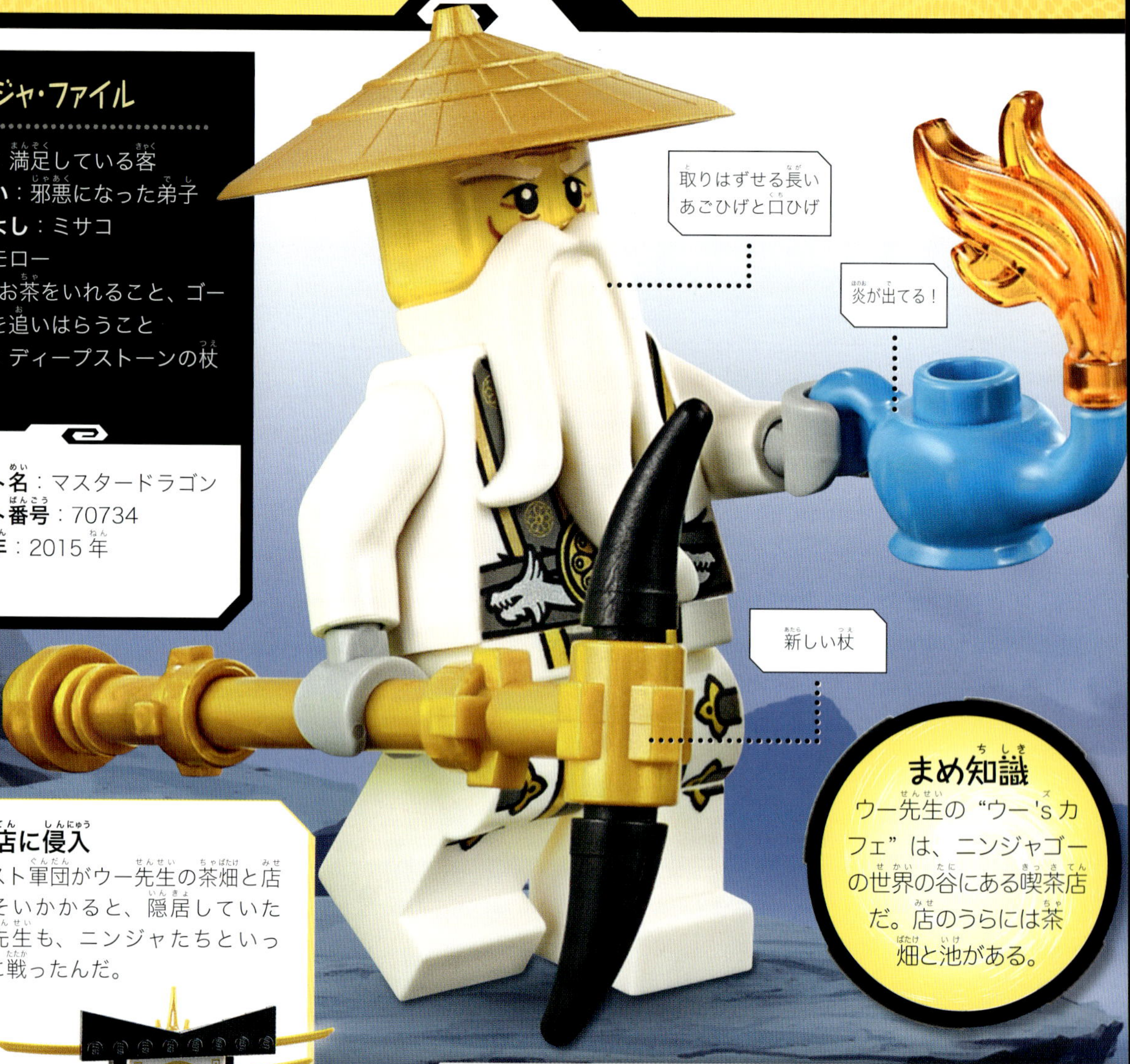

取《と》りはずせる長《なが》いあごひげと口《くち》ひげ

炎《ほのお》が出《で》てる！

新《あたら》しい杖《つえ》

まめ知識《ちしき》

ウー先生《せんせい》の"ウー's《ズ》カフェ"は、ニンジャゴーの世界《せかい》の谷《たに》にある喫茶店《きっさてん》だ。店《みせ》のうらには茶畑《ちゃばたけ》と池《いけ》がある。

喫茶店《きっさてん》に侵入《しんにゅう》

ゴースト軍団《ぐんだん》がウー先生《せんせい》の茶畑《ちゃばたけ》と店《みせ》におそいかかると、隠居《いんきょ》していたウー先生《せんせい》も、ニンジャたちといっしょに戦《たたか》ったんだ。

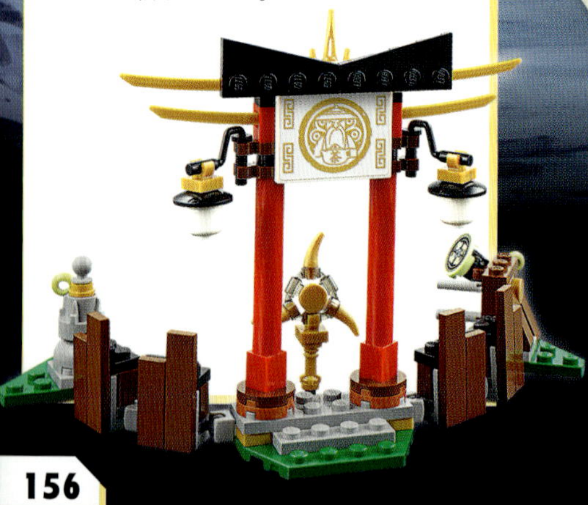

ウー先生《せんせい》は、マスター・チェンとの戦《たたか》いの後《あと》に隠居《いんきょ》して、ニャーとミサコに手伝《てつだ》ってもらい喫茶店《きっさてん》をひらいた。店《みせ》をひらいているときのウー先生《せんせい》は、お茶《ちゃ》を飲《の》みながら客《きゃく》と話《はなし》をするやさしいお年《とし》よりだ。しかし、ニンジャであることを完全《かんぜん》にやめたわけではない。お茶《ちゃ》を飲《の》む合間《あいま》に、ニャーにウォーター・ニンジャになるための修行《しゅぎょう》をさせているのだ。

ウー先生《せんせい》のドラゴン

創造《そうぞう》のエレメント・ドラゴン

ドラゴンのヨロイは笠《かさ》でできているぞ
取《と》りはずせるシート
ウー先生《せんせい》と同《おな》じような大《おお》きな口ひげと太いまゆ毛《げ》が特《とく》ちょう

ニンジャ・ファイル

すき：よびだしてもらうこと
きらい：ゴーストの毒《どく》
なかよし：ウー先生《せんせい》
敵《てき》：ソールアーチャー
特技《とくぎ》：ミサイルを発射《はっしゃ》できる
武器《ぶき》：すごい力《ちから》のある口《くち》

セット名《めい》：マスタードラゴン
セット番号《ばんごう》：70734
発売年《はつばいねん》：2015年《ねん》

ウー先生《せんせい》のドラゴンは、ウー先《せん》生《せい》の最初《さいしょ》のエレメント・ドラゴンだ。ウー先生《せんせい》には、このドラゴンをよびよせる能《のう》力《りょく》が以前《いぜん》からあったが、ニャーをウォーター・マスターにする修行《しゅぎょう》のときに手本《てほん》としてはじめてよびだした。ニンジャとゴースト軍団《ぐんだん》との戦《たたか》いのときも、ウー先《せん》生《せい》はこのドラゴンをよびだしている。

ワン、ワン！

ウー先生《せんせい》は隠居《いんきょ》したときに犬《いぬ》をかいはじめた。この犬《いぬ》は喫茶店《きっさてん》と茶畑《ちゃばたけ》を守《まも》るのに役《やく》だっているぞ。また、ウー先《せん》生《せい》は、石弓《いしゆみ》を運《はこ》んでもらうためにこの犬専用《いぬせんよう》の荷車《にぐるま》をつくったんだ。

ローニン

傭兵《ようへい》でどろぼう

２本《ほん》のディープストーンの刀《かたな》を、背中《せなか》に背負《せお》っている

接眼《せつがん》レンズと布《ぬの》製《せい》の眼帯《がんたい》

ニンジャ・ファイル

すき：ぬすむこと
きらい：賭《か》けに負《ま》けること
なかよし：ひとりで金《かね》がかせげるってときに、なんでなかまがひつようなんだ？
敵《てき》：みんな
特技《とくぎ》：ぬすむこと、記憶《きおく》を変《か》えること、飛行船《ひこうせん》の操縦《そうじゅう》
武器《ぶき》：スタッド・シューター

セット名《めい》：ローニンフライヤーR.E.X.《アール イー エックス》
セット番号《ばんごう》：70735
発売年《はつばいねん》：2015年《ねん》

ローニンフライヤーR.E.X.《アール イー エックス》

飛行船《ひこうせん》を操縦《そうじゅう》するローニンは、まさに空《そら》の達人《たつじん》だ。飛行《ひこう》船《せん》には、たくさんの武器《ぶき》と分離《ぶんり》可能《かのう》なエアー術《じゅつ》フライヤーがついている。この強力《きょうりょく》な武器《ぶき》には、ゴースト軍団《ぐんだん》も歯《は》が立《た》たない。

ローニンは貪欲《どんよく》で、金《かね》で動《うご》く身勝手《みがって》な兵士《へいし》だ。お金《かね》さえもらえれば、だれからのどんなきたない仕事《しごと》でもする。ぬすんだサムライのヨロイをまとい、２丁《ちょう》の銃《じゅう》と２本《ほん》の剣《けん》を手《て》にしたローニンは、頭《あたま》がよくてとてもつめたい男《おとこ》だ。そしてこの盗賊《とうぞく》は、どんな状況《じょうきょう》でも自分《じぶん》が得《とく》になるやり方《かた》を知《し》っている。

ニンジャ・ニャー

ウォーター・エレメント・マスター

二重《にじゅう》になっているずきん
ウォーター・ニンジャなので水色《みずいろ》の帯《おび》だ

ニンジャ・ファイル

すき：ニンジャでいること
きらい：ウー先生《せんせい》のむずかしい試験《しけん》
なかよし：ローニン――正直《しょうじき》なときだけね
敵《てき》：ゴースト
特技《とくぎ》：水《みず》をあやつること
武器《ぶき》：金色《きんいろ》の刀《かたな》

セット名《めい》：空中戦艦《くうちゅうせんかん》バウンティ号《ごう》、旋風《せんぷう》の神殿《しんでん》
セット番号《ばんごう》：70738、70751
発売年《はつばいねん》：2015年《ねん》

まめ知識《ちしき》

ニャーはウォーター・エレメントマスターだったお母《かあ》さんから水《みず》のエレメント・パワーを受《う》けついだんだ。

ニャーのエアーバイク

ニンジャ・ニャーは才能《さいのう》のかたまりだ！　黒《くろ》いかみをなびかせてエアーバイクにまたがり、ディープストーンの刀《かたな》とサイをたくみにあやつる。そして悪霊《あくりょう》をがんがん撃退《げきたい》するぞ。

ニンジャ・ニャーは、自分《じぶん》の中《なか》にあったニンジャの力《ちから》を見《み》つけだして、水《みず》のエレメント・パワーのあやつり方《かた》を学《まな》んだ。ウー先生《せんせい》の指導《しどう》のもとでスーパー戦士《せんし》となったニャーは、水《みず》をあやつったり、水《みず》を生《う》みだしたりして、女《おんな》の子《こ》でも強《きょう》れつなパワーで戦《たたか》う。ニャーは、直感《ちょっかん》のおもむくままに自分《じぶん》の運命《うんめい》にしたがうのだ！

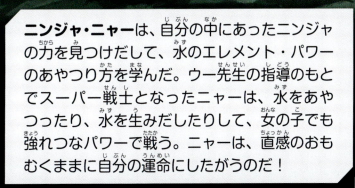

ソールアーチャー

ボウ・マスター

ニンジャ・ファイル

すき：たましいをつかまえること
きらい：だまされること
なかよし：モロー
敵《てき》：いかがわしいローニン
特技《とくぎ》：矢《や》から生《う》まれる怪物《かいぶつ》で敵《てき》をゴーストに変《か》えること
武器《ぶき》：弓矢《ゆみや》

セット名《めい》：マスタードラゴン、空中戦艦《くうちゅうせんかん》バウンティ号《ごう》
セット番号《ばんこう》：70734、70738
発売年《はつばいねん》：2015 年《ねん》

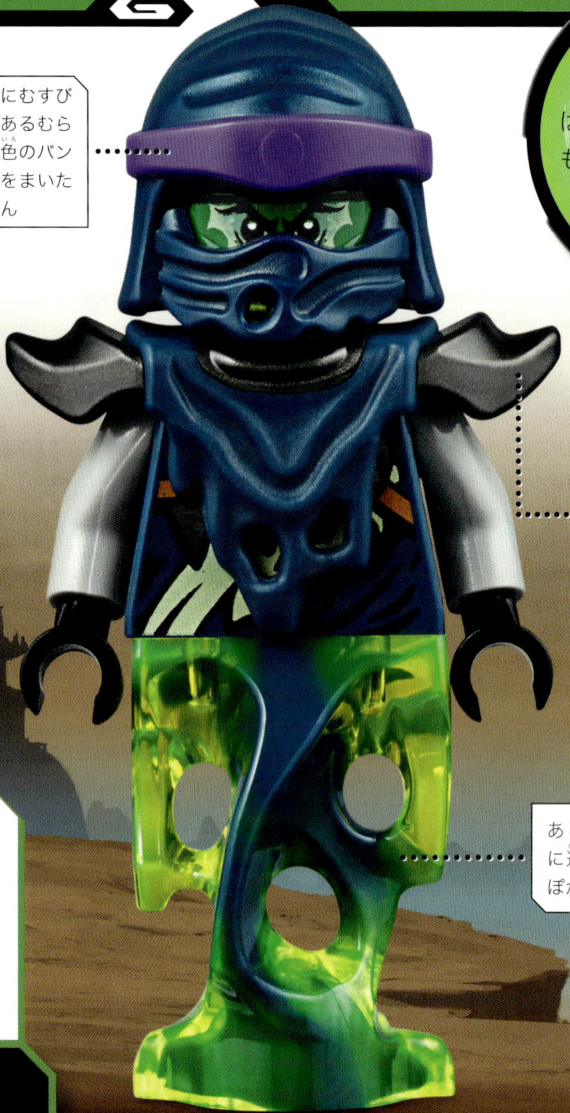
後《うし》ろにむすび目《め》のあるむらさき色《いろ》のバンダナをまいたずきん
ボロボロのローブとそれをかける肩《かた》あて
あしのかわりに透明《とうめい》なしっぽがある

まめ知識《ちしき》

ソールアーチャーの矢《や》は、たとえ角《かど》を曲《ま》がっても、まとをどこまでも追《お》いかけていくことができるんだ！

モローの右《みぎ》うで

ソールアーチャーはモローの右《みぎ》うでだ。モローはエアー術《じゅつ》の巻物《まきもの》を手《て》に入《い》れるために、弓矢《ゆみや》が得意《とくい》で冷徹《れいてつ》なソールアーチャーを、暗黒世界《あんこくせかい》から助《すけ》っ人《と》としてよびよせた。

ソールアーチャーほど、的確《てきかく》にまとを射《い》ることができるゴーストはいない。またソールアーチャーの放《はな》った矢《や》は、スクリーマーという怪物《かいぶつ》を生《う》みだす。この怪物《かいぶつ》は、人間《にんげん》の頭《あたま》にとりついてその人間《にんげん》をゴーストへと変《か》えてしまうのだ。なんと身《み》の毛《け》のよだつ弓《ゆみ》の名手《めいしゅ》なのだろう。

レイス

チェーン・マスター

ニンジャ・ファイル

すき：ゴースト・バギーのエンジンをふかすこと
きらい：水《みず》
なかよし：カウラー
敵《てき》：止《と》められないカイ
特技《とくぎ》：のろいのムチでたましいをつかまえること
武器《ぶき》：チェーンのムチ

セット名《めい》：ゴーストバギー、スティークス・ゴースト屋敷《やしき》、ゴースト・モロードラゴン、エアー術《じゅつ》フライヤー レイス式《しき》
セット番号《ばんごう》：70730、70732、70736、70744
発売年《はつばいねん》：2015年《ねん》

頭《あたま》のパーツは包帯《ほうたい》をまいたミイラのようで、暗《くら》い影《かげ》から目《め》がのぞいている

チェーン・ベルトをまいている

ゴースト・バギーにすわるためにあしがついている

まめ知識《ちしき》

頭《あたま》のパーツが透明《とうめい》じゃないのは、レイス、ソールアーチャー、ウェイルとピッチの4体《たい》だけなんだよ。

うすきみ悪《わる》いエアー術《じゅつ》フライヤー

レイスが使《つか》うのはスパイクつきの車輪《しゃりん》で走《はし》るゴーストバギーだけではない。うすきみ悪《わる》く光《ひか》るエアー術《じゅつ》フライヤーで空《そら》を旋回《せんかい》して、ニンジャたちを攻撃《こうげき》するのだ。

レイスは顔色《かおいろ》の悪《わる》いゴーストだ。そして、ぶきみでかん高《だか》いわらい声《ごえ》を上《あ》げるモローの側近《そっきん》である。なかまのソールアーチャーと同《おな》じように、人間《にんげん》をムチのようなチェーンの武器《ぶき》でたたいて、その人間《にんげん》をゴーストに変《か》えてしまうことができるおそろしい敵《てき》なのだ。

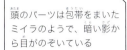

バンシャ

ブレード・マスター

ニンジャ・ファイル

すき：さけぶこと
きらい：耳《みみ》せん
なかよし：ゴースト戦士《せんし》
敵《てき》：裏切《うらぎ》り者《もの》のローニン
特技《とくぎ》：テレパシー、とりつくこと、さけび声《こえ》を上《あ》げること
武器《ぶき》：デュアル・ゴースト・マスター・ブレード

セット名《めい》：ジェイウォーカー・ワン、メカバトル：ゴーストVS《ブイエス》チタン、空中戦艦《くうちゅうせんかん》バウンティ号《ごう》
セット番号《ばんごう》：70731、70737、70738
発売年《はつばいねん》：2015年《ねん》

透明《とうめい》な、女《おんな》のゴーストの頭《あたま》のパーツ
バンシャはヨロイの下《した》のそでが赤色《あかいろ》である
革《かわ》のベルトの前面《ぜんめん》には、ギザギザの刃《は》のナイフがさしてあり、背中側《せなかがわ》には手裏剣《しゅりけん》がさしてある
あしのかわりに透明《とうめい》なしっぽがある

まめ知識《ちしき》

バンシャのパワーと名《な》前《まえ》は、アイルランドなどに伝《つた》わるバンシーというようせいにちなんでいるよ。

ゴーストX《エックス》メカ

ゴースト戦士《せんし》はニャーのサムライX《エックス》メカにとりつき、バトル・マシン、メカ・アンシュタインへと変化《へんか》させた。バンシャが操縦《そうじゅう》してニンジャを攻撃《こうげき》するぞ。

ボールジョイントで角度《かくど》を変《か》えられるあしが、回転《かいてん》するメカの胴体《どうたい》をささえる

バンシャは、かん高《だか》いなき声《ごえ》を上《あ》げてこまくをやぶり、さらにその声《こえ》でなだれすらおこすことのできる女性《じょせい》のゴースト戦士《せんし》だ。とても危険《きけん》なおそろしいゴーストで、遠《とお》くはなれた場所《ばしょ》からでも、人《ひと》の体《からだ》と心《こころ》をのっとることができるのだ。

ゴールター

大《おお》ガマ・マスター

伝統的《でんとうてき》な形《かたち》の竹《たけ》の笠《かさ》
顔《かお》の下半分《したはんぶん》をおおう布《ぬの》
ローブの下《した》では、ろっ骨《こつ》と背骨《せぼね》が、さけた服《ふく》の下《した》からのぞいている

ニンジャ・ファイル

すき：ダンス
きらい：わなにはめられること
なかよし：バンシャ
敵《てき》：ニャーとローニン
特技《とくぎ》：力《ちから》わざ――ゴーストだってジムできたえている
武器《ぶき》：大《おお》ガマゴースト・マスター・ブレード

セット名《めい》：スティークス・ゴースト屋敷《やしき》、ローニンフライヤーR.《アール》E.X《イーエックス》、メカバトル：ゴーストVS《ブイエス》チタン、空中戦艦《くうちゅうせんかん》バウンティ号《ごう》
セット番号《ばんごう》：70732、70735、70737、70738
発売年《はつばいねん》：2015年《ねん》

まめ知識《ちしき》

ゴールターの頭《あたま》のパーツには、白《しろ》いどくろがえがかれている。どくろが見《み》えるのはゴールターだけなんだよ。

ゴーストの弱《よわ》み

怪力《かいりき》のゴールターも、ときにはニンジャにつかまってしまう。ディープストーンのおりにとじこめられて、大《だい》すきなギョーザを見《み》せられると、ついだいじな秘密《ひみつ》をしゃべりそうになるんだ。

ゴールターは頭《あたま》のよくない分《ぶん》を、その怪力《かいりき》とたくみにカマをあやつる技術《ぎじゅつ》でおぎなっている。命令《めいれい》にはすぐにしたがうパワフルな戦士《せんし》だが、ざんねんながらなんでもこわしてしまうくせがある。命令《めいれい》が理解《りかい》できないときはなにも考《かんが》えずあばれまわり、味方《みかた》を破滅《はめつ》させてしまうこともあるのだ。

ハックラー

死《し》んでいないゴースト

まめ知識《ちしき》

モローは、強力《きょうりょく》な魔力《まりょく》を持《も》つ青《あお》き暗黒《あんこく》のヨロイを使《つか》って、ゴースト戦士《せんし》たちを暗黒世界《あんこくせかい》からよびよせるんだ。

ボロボロの服《ふく》と、ゴースト戦士《せんし》の標準《ひょうじゅん》的《てき》なヨロイ
透明《とうめい》な蛍光色《けいこうしょく》のあし

ニンジャ・ファイル

すき：大小《だいしょう》とわずあらゆる形《かたち》の武器《ぶき》を集《あつ》めること
きらい：なまった刃《は》
なかよし：ピッチ
敵《てき》：ゼン
特技《とくぎ》：とてもがんじょうな盾《たて》で攻撃《こうげき》をふせぐこと
武器《ぶき》：ゴーストオノブレード

セット名《めい》：マスタードラゴン
セット番号《ばんごう》：70734
発売年《はつばいねん》：2015年《ねん》

ゴーストの武器《ぶき》

ゴースト戦士《せんし》はソード、オノ、短剣《たんけん》、大《おお》ガマなど、たくさんの武器《ぶき》をあやつる。ゴーストオノブレードで武装《ぶそう》したハックラーは、お気《き》に入《い》りのこの武器《ぶき》で敵《てき》をたおすんだ。

ハックラーは、暗黒世界《あんこくせかい》からよびよせられて、モローのもうひとりの側近《そっきん》としてくわわった。たくみに武器《ぶき》をあやつり、ニンジャのスパイ技《ぎ》術《じゅつ》と悪《わる》がしこさを合《あ》わせもっている。ハックラーは、よせあつめのゴースト軍団《ぐんだん》にとってはとても価値《かち》のある戦士《せんし》なのだ。気《き》をつけるんだ、ニンジャたち！

ハックラーは盾《たて》を使《つか》って敵《てき》の攻《こう》撃《げき》をふせぐ

アッティラ

ゆうがなゴースト

透明《とうめい》な頭《あたま》のパーツと太《ふと》いまゆ毛《げ》
ゴースト戦士《せんし》の標準《ひょうじゅん》的《てき》なヨロイ
アッティラのお気《き》に入《い》りのゴーストの刀《かたな》

ニンジャ・ファイル

すき：やっかいなローニンと戦《たたか》うこと
きらい：旋風《せんぷう》の剣《つるぎ》
なかよし：ハックラー
敵《てき》：ジェイ
特技《とくぎ》：敵《てき》をたたきのめすこと
武器《ぶき》：ゴーストの刀《かたな》

セット名《めい》：ローニンフライヤーR.E.X.《アールイーエックス》
セット番号《ばんごう》：70735
発売年《はつばいねん》：2015年《ねん》

ゴースト・ドラゴン

ゴースト戦士《せんし》は、すばやく移動《いどう》するときや戦《たたか》いのときにドラゴンを使《つか》う。モローのドラゴンをのぞけば、ゴースト・ドラゴンにはあしがなく、この世《よ》のものとは思《おも》えない体《からだ》とムチのようなしっぽを使《つか》って空《そら》をかける。

アッティラは、おそれを知《し》らないユニークな戦士《せんし》だ。ニンジャのようにすばやく動《うご》くことができ、敵《てき》の攻撃《こうげき》を軽《かる》がるとかわす。さらにはこっそりと敵《てき》に近《ちか》づくために、音《おと》も立《た》てずに空中《くうちゅう》をなめらかに移動《いどう》できる技術《ぎじゅつ》も持《も》っているのだ。ニンジャたちは彼《かれ》にふりまわされるだろう。

スパイダー

クモ恐怖症《きょうふしょう》ではない

ニンジャ・ファイル

すき：急降下《きゅうこうか》すること
きらい：さけたパンツ
なかよし：バンシャ
敵《てき》：コール
特技《とくぎ》：あえぎ声《こえ》を出《だ》すこと
武器《ぶき》：ゴースト・サーベル

セット名《めい》：空中戦艦《くうちゅうせんかん》バウンティ号《ごう》
セット番号《ばんごう》：70738
発売年《はつばいねん》：2015年《ねん》

まめ知識《ちしき》
スパイダーのまとわりつくような歌声《うたごえ》は、あちこちから聞《き》こえるから、どこにいるかわからないんだ！

うすきみ悪《わる》い空中戦《くうちゅうせん》
モローと邪悪《じゃあく》なゴースト軍団《ぐんだん》は、バウンティ号《ごう》にいるニンジャたちにおそいかかる。ニンジャははげしい攻撃《こうげき》にたえて、ゴーストにとりつかれることをふせげるのだろうか？

スパイダーは英語《えいご》でクモを意味《いみ》しており、名《な》前《まえ》どおりに8本《ぽん》あしの生《い》きものが大《だい》すきだ。また、スパイダーは戦士《せんし》として優秀《ゆうしゅう》なだけでなく、そのきみの悪《わる》い歌声《うたごえ》で、どんなにきもっ玉《たま》がすわっている敵《てき》さえもふるえあがらせることができる。なんと、ぶきみで手《て》ごわいゴーストなんだ！

ミン

身《み》のたけに合《あ》わないアイデアを思《おも》いつく

まめ知識《ちしき》

ミンは仕事《しごと》をまじめにしているので、こわくて楽《たの》しければそれでよしと考《かんが》えるゴーストががまんできない。

先《さき》のとがったずきんの後《うし》ろには、透明《とうめい》なパーツがはまっている
あしのパーツに帯《おび》がえがかれている
蛍光《けいこう》グリーンの刃《は》

ニンジャ・ファイル

すき：蛍光《けいこう》グリーン
きらい：スタッド・シューター
なかよし：サイラス
敵《てき》：水《みず》のニンジャであるニャー
特技《とくぎ》：ブレードをあやつること
武器《ぶき》：ゴースト・エネルギー・ブレード

セット名《めい》：スティークス・ゴースト屋敷《やしき》
セット番号《ばんごう》：70732
発売年《はつばいねん》：2015 年《ねん》

スティークスでの戦《たたか》い

ローニンとエアー術《じゅつ》の巻物《まきもの》をさがしにニンジャたちがスティークスへ行《い》くと、モローはこのぶきみな街《まち》に戦士《せんし》たちを集《あつ》めてニンジャたちに奇襲《きしゅう》をかけた。すぐれた戦士《せんし》のミンは、そのとき先陣《せんじん》を切《き》ったのだ。

ミンは、頭《あたま》がよくおそろしい戦闘技術《せんとうぎじゅつ》を持《も》っている。ほかのゴーストも、暗黒世界《あんこくせかい》の外《そと》でどのように戦《たたか》えば勝《か》てるのかを教《おそ》わりにくるほどだ。いっけん、なかまのゴーストたちと同《おな》じようにみえるのだが、いつも熱心《ねっしん》に修行《しゅぎょう》をしているミンは、ほかのゴーストと自分《じぶん》はちがうと思《おも》っているようだ。

サイラス

石弓《いしゆみ》をあやつるゴースト

ニンジャ・ファイル

すき：ニンジャの頭上《ずじょう》をふわふわとぶこと
きらい：まじめすぎること
なかよし：ミン
敵《てき》：ロイド
特技《とくぎ》：なかまと敵《てき》をイライラさせること
武器《ぶき》：石弓《いしゆみ》

セット名《めい》：スティークス・ゴースト屋敷《やしき》
セット番号《ばんごう》：70732
発売年《はつばいねん》：2015 年《ねん》

笠《かさ》は、ゴースト軍団《ぐんだん》の中《なか》で階級《かいきゅう》がひくいものがかぶる

石弓《いしゆみ》がサイラスの武器《ぶき》だ

標準的《ひょうじゅんてき》なゴースト軍団《ぐんだん》のかっこう

まめ知識《ちしき》
サイラスはたいくつをまぎらわすために戦《たたか》っている。ずっとゴーストでいると、たまにつまらなくなるんだ！

出発進行《しゅっぱつしんこう》だ、船員《せんいん》ども！
水《みず》とゴーストは相性《あいしょう》が悪《わる》く、船《ふな》のりに向《む》いていない。それでも、ニンジャを追《お》ってスティークスへ行《い》くには、だれかが船《ふね》にのりこまなくてはならないのだ！

サイラスは人《ひと》をイライラさせる才能《さいのう》があり、なかのよいゴーストもほんの少《すこ》しだけしかいない。さらにサイラスは、モローの邪悪《じゃあく》な計画《けいかく》など、じつはどうでもいいと思《おも》っている。それでもモローがサイラスを部下《ぶか》にしているのは、サイラスがとても優《ゆう》秀《しゅう》な戦士《せんし》だからだ。

ピッチ

楽《たの》しいことが大《だい》すきなゴースト

ニンジャ・ファイル

すき：ニンジャを三《み》つまたのフォークでつつくこと
きらい：サイラスのジョーク
なかよし：アッティラ
敵《てき》：コール
特技《とくぎ》：すばやくつきさすこと
武器《ぶき》：三《み》つまたのフォーク、短剣《たんけん》

セット名《めい》：マスタードラゴン
セット番号《ばんごう》：70734
発売年《はつばいねん》：2015年《ねん》

まめ知識《ちしき》

ヨーカイ以外《いがい》のゴーストはみんな水《みず》がこわいんだ。バケツ１杯《ぱい》の水《みず》だけで、水蒸気《すいじょうき》みたいに消《き》えちゃうんだ。

ゴースト・ディスクという武器《ぶき》や、敵《てき》に向《む》かって投《な》げる石《いし》、食《た》べものを入《い》れるかご

短剣《たんけん》——ピッチの武器《ぶき》

三《み》つまたのフォーク——武器《ぶき》としても、なにかをつついて楽《たの》しむのにも役《やく》に立《た》つ

かくされた武器《ぶき》

ウー先生《せんせい》の茶畑《ちゃばたけ》にいるニンジャを攻撃《こうげき》するとき、ゴーストたちがとる作戦《さくせん》がある。なんと人力車《じんりきしゃ》にゴースト・ディスクを仕《し》こんで、それを発射《はっしゃ》するんだ！

ピッチは、仕事《しごと》のことはなにも考《かんが》えていない。大人《おとな》のゴーストだけど、やっていることはまるで子《こ》どものようだ。ニンジャと戦《たたか》うよりも、遊《あそ》んだり、だれかの家《いえ》にとりついてフラフラしたりしているほうが楽《たの》しいらしい。そんなピッチの真《ま》っ黒《くろ》な顔《かお》は、ウェイルとおそろいだ。

カウラー

ものまねの名人《めいじん》

ニンジャ・ファイル

すき：むらさき色《いろ》の笠《かさ》
きらい：ダブルブラスターバイク
なかよし：スパイダー
敵《てき》：コール、カイ
特技《とくぎ》：おしゃれな服《ふく》をえらぶこと
武器《ぶき》：ゴーストの刀《かたな》、ブレード・スピア

セット名《めい》：ダブルブラスターバイク、ゴースト・モロードラゴン
セット番号《ばんごう》：70733、70736
発売年《はつばいねん》：2015 年《ねん》

ゴーストが使《つか》う刀《かたな》を背中《せなか》に２本《ほん》さしている
ブレード・スピア
透明《とうめい》なあし

まめ知識《ちしき》

レイスから注意《ちゅうい》を受《う》けるまでは、カウラーはモローの声《こえ》をまねして、みんなにいたずらをしていたんだよ。

旋風《せんぷう》の剣《つるぎ》の戦《たたか》い

ゴーストをたおすには旋風《せんぷう》の剣《つるぎ》がひつようだ。カイはファイヤー・エレメントのパワーで赤《あか》い光《ひかり》を放《はな》ちながら、手裏剣《しゅりけん》のような旋風《せんぷう》の剣《つるぎ》をかまえる。はたしてカイは勝《か》てるのか？

カウラーは相手《あいて》をこわがらせることに熱心《ねっしん》で、相手《あいて》がこわがればこわがるほどよろこぶ。だれもこわがらなかったら、ゴーストでいる意《い》味《み》がないと思《おも》っているんだ。またカウラーは、敵《てき》のなかまの声《こえ》まねをして、わなにはめるのも大《だい》すきだ。

ウェイル

墓《はか》のように無口《むくち》

ニンジャ・ファイル

すき：しずかなこと
きらい：批評家《ひひょうか》
なかよし：サイラス
敵《てき》：ジェイ
特技《とくぎ》：奇襲《きしゅう》をかけること
武器《ぶき》：ゴースト・ニンジャ・カマ

セット名《めい》：ジェイウォーカー・ワン
セット番号《ばんこう》：70731
発売年《はつばいねん》：2015年《ねん》

やっぱりカマは、1本《ぽん》より2本《ほん》のほうがいいに決《き》まってる！

まめ知識《ちしき》
ウェイルは勝《か》つために奇襲《きしゅう》をえらぶ。でもモローは、ウェイルが奇襲《きしゅう》にこだわることにイライラしているんだ。

ゴースト・ゲート
ニンジャはとんでくるゴースト・ディスクをかわして、ゴースト寺《でら》の入《い》り口《ぐち》にふしぎな力《ちから》でうかんでいる旋風《せんぷう》の剣《つるぎ》を手《て》に入《い》れなければならないんだ。

ウェイルは泣《な》いたりしない。それどころか、この邪悪《じゃあく》なゴーストは、いっさい音《おと》を立《た》てない。なぜなら、ウェイルは奇襲攻撃《きしゅうこうげき》をかけるのが大《だい》すきで、奇襲攻撃《きしゅうこうげき》にはしずかにしのびよることが不可欠《ふかけつ》だからだ。その上《うえ》、ものかげからとびだして敵《てき》をおどろかせるためだけに、ウェイルは1時間《じかん》でも2時間《じかん》でもじっと待《ま》つのだ。

グルカ

いん気《き》なゴースト

ニンジャ・ファイル

すき：弓術《きゅうじゅつ》のうで前《まえ》を見《み》せびらかすこと
きらい：気《き》がちること
なかよし：ウェイル
敵《てき》：ジェイ
特技《とくぎ》：完《かん》ぺきにまとを射《い》る
武器《ぶき》：石弓《いしゆみ》、矢筒《やづつ》

セット名《めい》：ジェイウォーカー・ワン
セット番号《ばんごう》：70731
発売年《はつばいねん》：2015年《ねん》

ぶきみな緑色《みどりいろ》
石弓《いしゆみ》の矢《や》が入《はい》った矢筒《やづつ》
石弓《いしゆみ》はグルカにはうってつけの武器《ぶき》である

まめ知識《ちしき》

グルカはゴーストがこわくて戦《たたか》うときにしょっちゅう目《め》をつぶるんだ！でも、まとを外《はず》すことはないんだよ。

弓《ゆみ》の名人《めいじん》！

目《め》をつぶっていてもまとに当《あ》てるグルカは、モローの軍隊《ぐんたい》の中《なか》で２番目《ばんめ》にすぐれた射手《しゃしゅ》だ。次《つぎ》つぎに矢《や》を放《はな》ったあと、どこへともなく消《き》えうせるぞ。

グルカはすぐれた射手《しゃしゅ》であり、とてもパワフルな戦士《せんし》だ。しかし、ひとつ大《おお》きな弱点《じゃくてん》がある。なんと、ゴーストがこわいのだ！グルカは自分《じぶん》がゴーストであるにもかかわらず、ゴースト軍団《ぐんだん》のほかの戦士《せんし》を見《み》る勇気《ゆうき》がない。そのため、ひとりで戦《たたか》うことが多《おお》いのだ。

ヨーカイ

水《みず》が大《だい》すきな戦士《せんし》

ニンジャ・ファイル

すき：スクリーマー
きらい：グルカのいん気《き》な顔《かお》
なかよし：カウラー
敵《てき》：カイ
特技《とくぎ》：ヤリをふりまわすこと
武器《ぶき》：両刃《りょうば》のヤリ

セット名《めい》：ゴースト・モロードラゴン
セット番号《ばんごう》：70736
発売年《はつばいねん》：2015年《ねん》

ぶきみなスクリーマー！
ソールアーチャーの矢《や》がつくりだす、きりのようなスクリーマーには気《き》をつけろ！　金切《かなき》り声《ごえ》を上《あ》げながら人間《にんげん》の頭《あたま》にとりつくこのモンスターは、とりついた人間《にんげん》をゴーストに変《か》えるんだ。

ヨーカイはほかのゴースト軍団《ぐんだん》のなかまと同《おな》じようにすぐれた戦士《せんし》で、とがったヤリをあやつる危険《きけん》な敵《てき》だ。また、ほとんどのゴーストは水《みず》をこわがるが、ヨーカイだけは水《みず》をこわがらない。ざんねんながら泳《およ》ぐことはできないが、それでも水辺《みずべ》に行《い》くのが大《だい》すきなのだ。

ゴースト
たいじに
行《い》くぞ！

ゴースト軍団《ぐんだん》と戦《たたか》うためには？

いにしえのエアー術《じゅつ》をマスターすること

逆境《ぎゃっきょう》をチャンスに変《か》えること

新《あたら》しい武器《ぶき》を使《つか》って技《わざ》をあみだすこと

新《あたら》しいパワーを身《み》につけ、敵《てき》を出《だ》しぬくこと

エアー術《じゅつ》カイ

回転式《かいてんしき》ファイヤー・フライヤー

ニンジャ・ファイル

すき：ファンキーなエアー術《じゅつ》
きらい：ゴースト・マスターに負《ま》けること
なかよし：エアー術《じゅつ》ニンジャ
敵《てき》：ローニン
特技《とくぎ》：とぶこと
武器《ぶき》：ワイルドファイヤー・ブレード

セット名《めい》：エアー術《じゅつ》フライヤー カイ式《しき》
セット番号《ばんごう》：70739
発売年《はつばいねん》：2015年《ねん》

炎《ほのお》のもようとカイのエレメント・シンボルが前面《ぜんめん》に、炎《ほのお》の紋章《もんしょう》が背中《せなか》にえがかれた新《あたら》しいコスチューム

角《つの》のようなとがった刃《は》と、ギザギザの刃《は》のカマと、燃《も》える炎《ほのお》の剣《けん》がついたワイルドファイヤー・ブレード

スピン術《じゅつ》からエアー術《じゅつ》へ

エアー術《じゅつ》はスピン術《じゅつ》から進化《しんか》した武《ぶ》術《じゅつ》だ。カイはさらなるエレメント・エネルギーを引《ひ》きだすことで、空《そら》をとぶ炎《ほのお》のうずを生《う》みだした。

エアー術《じゅつ》カイは、エアー術《じゅつ》という武術《ぶじゅつ》を学《まな》ぶことによって、ニンジャとしての真《しん》の力《ちから》を手《て》に入《い》れたカイのすがただ。炎《ほのお》がえがかれた新《あたら》しいコスチュームは、そのパワーアップをあらわしている。自分《じぶん》の炎《ほのお》のパワーをたかめることで、カイはたつまきのようなうずを体《からだ》のまわりにつくって空中《くうちゅう》へうきあがれるようになった。これでゴーストとごかくに勝負《しょうぶ》できる。

エアー術《じゅつ》ジェイ

回転式《かいてんしき》イナズマ・フライヤー

ニンジャ・ファイル

すき：スーパーサイクロン
きらい：エアー術《じゅつ》を習得《しゅうとく》した寺《てら》にしかけられたわな
なかよし：ミサコ、ニンジャ
敵《てき》：ゴーストのモロー
特技《とくぎ》：テクノロジーを使《つか》うこと
武器《ぶき》：サンダー・ヘッド

セット名《めい》：エアー術《じゅつ》フライヤー ジェイ式《しき》
セット番号《ばんごう》：70740
発売年《はつばいねん》：2015 年《ねん》

青《あお》いずきんをかぶって目《め》のまわりにイナズマがえがかれた顔《かお》
エレクトロ・トーチ

まめ知識《ちしき》

ジェイは、エアー術《じゅつ》のたつまきを“スーパーサイクロン”とよぶほうがかっこいいと思《おも》っているんだ！

エアー術《じゅつ》マスター

ゴーストのヤン先生《せんせい》は、エアー術《じゅつ》という武術《ぶじゅつ》の創始者《そうししゃ》である。そして、エアー術《じゅつ》について書《か》きしるした巻物《まきもの》を後《のち》の世《よ》にのこしたのだ。

エアー術《じゅつ》ジェイはイナズマ・マスターだ。ジェイは、さいしょはなかなか集中《しゅうちゅう》できず、エアー術《じゅつ》のたつまきをつくれるだけのエネルギーを生《う》みだせなかった。だがウー先生《せんせい》が助言《じょげん》をしてはげますと、ようやく調子《ちょうし》を取《と》りもどし、火花《ひばな》をちらせてイナズマのようなスピードで回転《かいてん》しながら、空《そら》へまいあがっていったのだ！

エアー術《じゅつ》コール

回転式大地《かいてんしきだいち》・フライヤー

ニンジャ・ファイル

すき：エアー術《じゅつ》ウェポン
きらい：ゴーストになること
なかよし：ニャー
敵《てき》：レイス
特技《とくぎ》：すきなときに消えること
武器《ぶき》：クリーバー

セット名《めい》：エアー術《じゅつ》フライヤー コール式《しき》
セット番号《ばんごう》：70741
発売年《はつばいねん》：2015年《ねん》

岩《いわ》がわれているもよう

ふたつのカマのついた両刃《りょうば》の武器《ぶき》、クリーバー

岩《いわ》のもようはあしまでつづいている

ゴースト寺《でら》

コールはなかまのために犠《ぎ》牲《せい》となってしまう。強力《きょうりょく》な古《こ》代《だい》の武術《ぶじゅつ》、エアー術《じゅつ》の技《わざ》が記《しる》された巻物《まきもの》を持ちだすためにヤン先生《せんせい》の寺《てら》へ行《い》ったとき、なんとゴーストに変《か》えられてしまったのだ！

エアー術《じゅつ》コールになる直前《ちょくぜん》、ゴースト寺《でら》から脱出《だっしゅつ》できなかったコールはゴーストにされてしまった。そのためエアー術《じゅつ》を学《まな》べるような気持《きも》ちを取《と》りもどすには、まず恐怖《きょうふ》をのりこえて、ゴーストという状態《じょうたい》を受《う》けいれなければならなかった。なかまのはげましを受《う》けて、ようやくコールはエアー術《じゅつ》のパワーを手《て》に入《い》れたのだ。

エアー術《じゅつ》ゼン

回転式《かいてんしき》アイス・フライヤー

ニンジャ・ファイル

すき：こおらせること
きらい：おかしなしゃべり方《かた》
なかよし：ジェイ
敵《てき》：ハエ！　機械《きかい》をダメにするから
特技《とくぎ》：データを保存《ほぞん》すること
武器《ぶき》：ポールアーム

セット名《めい》：エアー術《じゅつ》フライヤー ゼン式《しき》
セット番号《ばんごう》：70742
発売年《はつばいねん》：2015 年《ねん》

アイスの刀《かたな》とカマがついた武器《ぶき》、ポールアーム
われた氷《こおり》のもようが入《はい》っている

アイスのうず

エアー術《じゅつ》を使《つか》うものは、エレメント・パワーの小《ちい》さなうずの中《なか》で一定時間《いっていじかん》とぶことができる。ゼンはアイス・エレメント・パワーとエネルギーを使《つか》って、空中《くうちゅう》にまいあがるのだ。

エアー術《じゅつ》ゼンはコンピューターの論理的思考《ろんりてきしこう》を使《つか》ってエアー術《じゅつ》を学《まな》んだ。ニンドロイドのよいところは、すぐれた機械《きかい》の頭脳《ずのう》を持《も》っていることだ。ゼンはエアー術《じゅつ》の理論《りろん》がわかると、自分《じぶん》が持《も》つさまざまなパワーを組《く》みあわせてアイス・エネルギーをみちびき、ものすごくつめたいたつまきにつつまれて空《そら》へととびあがったのだ。

テンプル・ウー

お茶《ちゃ》のエキスパート

道着《どうぎ》の上《うえ》に着《き》ている長《なが》いベストの背中《せなか》には、金《きん》の花《はな》のシンボルがある
こったデザインは、あしまでつづいているんだ

ニンジャ・ファイル

すき：お茶《ちゃ》を出《だ》すこと
きらい：コーヒー
なかよし：ミサコ
敵《てき》：暗黒世界《あんこくせかい》
特技《とくぎ》：助言《じょげん》すること
武器《ぶき》：きゅうす。無害《むがい》なのは見《み》かけだけ

セット名《めい》：旋風《せんぷう》の神殿《しんでん》
セット番号《ばんごう》：70751
発売年《はつばいねん》：2015 年《ねん》

まめ知識《ちしき》

カイは、命《いのち》を救《すく》ってもらったお礼《れい》として、ローニンにウー's《ズ》カフェのお金《かね》をわたしたことがあるよ。

心《こころ》が落《お》ち着《つ》くお茶《ちゃ》

ウー先生《せんせい》が考《かんが》える理想的《りそうてき》な隠居生活《いんきょせいかつ》とは、大《だい》すきなあついお茶《ちゃ》をゆったりと飲《の》める生活《せいかつ》である。この年老《としお》いたスピン術《じゅつ》マスターは、お茶《ちゃ》をいれながらお客《きゃく》に智恵《ちえ》のことばをさずけているのだ。

テンプル・ウーのおしゃれなベストと道着《どうぎ》は、ミサコといっしょにカフェでくつろぐのにうってつけだ。長年《ながねん》にわたって弟子《でし》たちを教《おし》えつづけたウー先生《せんせい》は、戦闘服《せんとうふく》を着《き》ないですむことがうれしいようだ。まさにウー先生《せんせい》にふさわしい隠居生活《いんきょせいかつ》だが、このままたんたんとすごすことがゆるされるのだろうか？

ミサコ

考古学者《こうこがくしゃ》

灰色《はいいろ》の髪《かみ》のパーツは、長《なが》い三《み》つあみになっている

ひとつはメガネをかけた笑顔《えがお》、もうひとつはゆかいそうな表情《ひょうじょう》のダブルフェイスだ

ポケットがついたサファリ・スタイルで、バンダナを首《くび》にまいている

まめ知識《ちしき》

昔《むかし》ガーマドンは、ミサコにあててウーが書《か》いたラブレターを、自分《じぶん》が書《か》いたことにしてミサコにわたした。

ニンジャ・ファイル

すき：絵《え》をえがくこと

きらい：絵《え》をえがくときにじゃまが入《はい》ること

なかよし：ウー

敵《てき》：ゴースト、墓場《はかば》あらし

特技《とくぎ》：ゴーストとの戦《たたか》い方《かた》をニンジャに教《おし》えること

武器《ぶき》：絵筆《えふで》

セット名《めい》：旋風《せんぷう》の神殿《しんでん》

セット番号《ばんごう》：70751

発売年《はつばいねん》：2015年《ねん》

かくれた才能《さいのう》

ミサコは絵《え》をえがくのが大《だい》すきだ。カフェではたらいたり、歴史《れきし》を調《しら》べたり、ウーを手伝《てつだ》ってニンジャを指《し》導《どう》するとき以外《いがい》は、絵筆《えふで》を持《も》って、キャンバスに絵《え》をえがいている。旋《せん》風《ぷう》の神殿《しんでん》（セット番号《ばんごう》70751）には、アトリエがついているぞ。

ミサコは、ニンジャゴー歴史博物館《れきしはくぶつかん》で人類学《じんるいがく》の研究者《けんきゅうしゃ》としてはたらいている。ニンジャたちは、ワルワル・サムライと対決《たいけつ》するためにニンジャゴー・シティへ行《い》ったときにミサコと出会《であ》った。そして、彼女《かのじょ》がロイドの母親《ははおや》で、ガーマドンと長《なが》い間《あいだ》はなればなれになっている妻《つま》だと知《し》ったのだ。

ニンジャゴーの郵便配達員《ゆうびんはいたついん》

特急配達《とっきゅうはいたつ》

ニンジャ・ファイル

すき：郵便《ゆうびん》を配達《はいたつ》すること
きらい：階段《かいだん》をのぼること
なかよし：手紙《てがみ》を使《つか》う人《ひと》たち
敵《てき》：E《イー》メールを使《つか》う人《ひと》たち
特技《とくぎ》：ベルを鳴《な》らして敵《てき》の攻撃《こうげき》をニンジャに警告《けいこく》すること
武器《ぶき》：おしゃれなカバン

セット名《めい》：旋風《せんぷう》の神殿《しんでん》
セット番号《ばんごう》：70751
発売年《はつばいねん》：2015 年《ねん》

まめ知識《ちしき》

郵便配達員《ゆうびんはいたついん》はテレビ番組《ばんぐみ》ではなんども登場《とうじょう》するけど、ミニフィギュアは旋風《せんぷう》の神殿《しんでん》のセットでやっと登場《とうじょう》したんだ。

郵便《ゆうびん》ラッパのロゴが入《はい》った服《ふく》

署名《しょめい》が入《はい》った手紙《てがみ》のパーツ

楽《たの》しい休《やす》み時間《じかん》

郵便配達員《ゆうびんはいたついん》は、旋風《せんぷう》の神殿《しんでん》（セット番号《ばんごう》70751）で影絵《かげえ》ショーを楽《たの》しむお客《きゃく》さんのひとりである。彼《かれ》はニンジャやクレア、ジェスパーといっしょにすわっているんだ。

ニンジャゴーの郵便配達員《ゆうびんはいたついん》はとても仕事熱心《しごとねっしん》で、ニンジャに郵便物《ゆうびんぶつ》をとどけるためには、どんな苦労《くろう》もいとわない。彼《かれ》は高《たか》い山《やま》でも、危険《きけん》すぎる場所《ばしょ》でも、ぶきみな土地《とち》でも問題《もんだい》なくとどける。もちろん知《し》らない住所《じゅうしょ》はひとつもないぞ。しかも航空便《こうくうびん》も船便《ふなびん》も自由自在《じゆうじざい》で、どんなに遠《とお》くても郵便物《ゆうびんぶつ》をとどけるんだ。彼《かれ》はまちがいなく超一流《ちょういちりゅう》の郵便配達員《ゆうびんはいたついん》だ！

ダレス

とっても男前《おとこまえ》

ツヤツヤ光《ひか》る髪《かみ》はダレスの生《い》きがいだ！

標準的《ひょうじゅんてき》なシャベルのパーツが武《ぶ》器《き》である

胸《むね》に星形《ほしがた》のペンダントがあり、背中《せなか》には星《ほし》の紋章《もんしょう》がある新《あたら》しいニンジャの道着《どうぎ》を着《き》ている

まめ知識《ちしき》

ダレスは先生《せんせい》になる前《まえ》は歌手《かしゅ》で、各地《かくち》で“ブラウン・スエード・シューズ”というコンサートをひらいていた。

ニンジャ・ファイル

すき：じまんすること
きらい：髪《かみ》がみだれること
なかよし：ジェスパー
敵《てき》：ゴースト
特技《とくぎ》：人《ひと》をみりょうすること
武器《ぶき》：シャベル

セット名《めい》：旋風《せんぷう》の神殿《しんでん》
セット番号《ばんごう》：70751
発売年《はつばいねん》：2015年《ねん》

誠実《せいじつ》な友《とも》

ダレスは友《とも》だちのニンジャのためなら、いつでもひとはだぬぐつもりだ。戦《たたか》いではニンジャの助《たす》けにならなくても、旋風《せんぷう》の神殿《しんでん》で見《み》つけた食材《しょくざい》でごちそうをつくったり、おおげさな話《はなし》をしてみんなを楽《たの》しませるぞ。

ダレスは自分《じぶん》を“伝説《でんせつ》の男《おとこ》”と信《しん》じていて、いつもそれを自慢《じまん》している。自信家《じしんか》だけど気《き》のいい男《おとこ》なので、みんなは彼《かれ》となかよくしているぞ。ただニンジャとしての実力《じつりょく》はまだまだで、創造力《そうぞうりょく》と愛《あい》きょうでなんとかのりきっているようだ。それでもダレスは、ニンジャになることをあきらめない！

ジェスパー

神殿《しんでん》の管理人《かんりにん》

まめ知識《ちしき》

ジェスパーがはじめてニンジャに会《あ》ったのは、旋風《せんぷう》の神殿《しんでん》の近《ちか》くの川《かわ》でつりをしていたときだったんだよ！

カウボーイ・ハットをかぶって、首《くび》にバンダナをまいている

つった魚《さかな》！

シャツのポケットにはスマイル・バッジをつけている

シミのついたエプロン

ニンジャ・ファイル

すき：きれいな神殿《しんでん》
きらい：きたない池《いけ》
なかよし：ゆかいなダレス
敵《てき》：ゴースト
特技《とくぎ》：つり
武器《ぶき》：つりざお、ときどき魚《さかな》

セット名《めい》：旋風《せんぷう》の神殿《しんでん》
セット番号《ばんごう》：70751
発売年《はつばいねん》：2015年《ねん》

つり人《びと》の友《とも》だち

ジェスパーはダレスとなかがよい。ただ、ふたりとも負《ま》けん気《き》が強《つよ》く、どちらのつった魚《さかな》が大《おお》きいかでよくけんかするんだ。

ジェスパーは、旋風《せんぷう》の神殿《しんでん》を毎日《まいにち》ピカピカにみがいている。そしてひまなときには、ニンジャゴーの世界《せかい》にある最高《さいこう》のつりスポットをさがして、一番大《いちばんおお》きな魚《さかな》をつろうとしているのだ。ジェスパーのミニフィギュアもその性格《せいかく》がわかるような、アウトドアにぴったりなすがたをしているぞ。

クレア

ジェスパーのむすめ

クレアはいつもブラシを持《も》っている――これは、べんりな武《ぶ》器《き》になるんだ！

ゴーストを追《お》いはらってくれるかもしれない魔《ま》よけにみえるネックレス

ニンジャ・ファイル

すき：神殿《しんでん》でおこなわれる影絵《かげえ》ショー
きらい：からまった髪《かみ》
なかよし：ニンジャ、ジェスパー
敵《てき》：スクリーマー
特技《とくぎ》：気《き》さくにふるまうこと
武器《ぶき》：ヘアブラシ、バットウィング・グライダー

セット名《めい》：旋風《せんぷう》の神殿《しんでん》
セット番号《ばんごう》：70751
発売年《はつばいねん》：2015年《ねん》

まめ知識《ちしき》

クレアはテレビの『レゴ®ニンジャゴー』には出《で》ない。でも、旋風《せんぷう》の神《しん》殿《でん》（セット番号《ばんごう》70751）には入《はい》っているよ。

コウモリの翼《つばさ》のグライダー

スリルがすきなクレアは、バットウィング・グライダーを背負《せお》えば神殿《しんでん》の上空《じょうくう》を旋回《せんかい》できると知《し》って、おさえきれないほど興奮《こうふん》している。だって、ニンジャにも会《あ》えるしね！

クレアはジェスパーのむすめだ。彼女《かのじょ》は父親《ちちおや》の仕《し》事《ごと》である旋風《せんぷう》の神殿《しんでん》の管理《かんり》が、とてもたいくつなものだと思《おも》っていた。ところが最近《さいきん》、ニンジャの冒険《ぼうけん》にまきこまれてその考《かんが》えを変《か》えた。なぜならクレアはスクリーマーと武器《ぶき》を持《も》ったゴーストにおそわれて、まるで悪夢《あくむ》のような体験《たいけん》をしたからだ。

旋風《せんぷう》の神殿《しんでん》
では

影絵《かげえ》ショーが楽《たの》しめる

ウー先生《せんせい》とくつろぎながらお茶《ちゃ》を飲《の》める

ダレスとつりに出《で》かけられる

呪《のろ》われていたころの神殿《しんでん》の歴史《れきし》が学《まな》べる

ニンジャVS《ブイエス》天空《てんくう》の海賊《かいぞく》

『レゴ®ニンジャゴー』のシーズン6では、ニンジャはスーパースターとなってテレビ番組《ばんぐみ》に出演《しゅつえん》し、いつもファンにかこまれている。しかし、危険《きけん》はすぐそこにやってきた。悪名高《あくめいたか》き魔神《まじん》ナダカーンとそのなかまがにげだしたのだ！　どんなねがいごとでもかなえられるナダカーンのゆうわくにニンジャたちはたえられるのか？　7つのセットでその戦《たたか》いをよみがえらせよう！

©2016 THE LEGO GROUP
天空《てんくう》の海賊《かいぞく》は
無敵《むてき》だ!
オリャー!!

ロイド

先生見習《せんせいみなら》い

ニンジャ・ファイル

すき：もっと修行《しゅぎょう》すること
きらい：アイドルになること
なかよし：コール
敵《てき》：おさるのレッチ
特技《とくぎ》：気持《きも》ちのコントロール
武器《ぶき》：金色《きんいろ》のこん棒《ぼう》

セット名《めい》：天空《てんくう》のサメコプター、空賊母艦《くうぞくぼかん》ミスフォーチュン号《ごう》
セット番号《ばんごう》：70601、70605
発売年《はつばいねん》：2016 年《ねん》

金色《きんいろ》のこん棒《ぼう》
布製《ぬのせい》の帯《おび》には両《りょう》はしに金色《きんいろ》のとめ金《がね》がある
胸《むね》にはドラゴンの紋《もん》章《しょう》が入《はい》っている

まめ知識《ちしき》

ロイドはニンジャがアイドルになったことが不《ふ》満《まん》なんだ。真《しん》のニンジャになるのにはじゃまだからね。

天高《てんたか》くとびたて

新《あら》たな闇《やみ》の勢力《せいりょく》がニンジャゴーの世界《せかい》を破壊《はかい》しようとしている中《なか》、ロイドは目《め》の前《まえ》の任務《にんむ》に集中《しゅうちゅう》していた。炎《ほのお》をふきだすジェットパックを背負《せお》って、空《くう》中《ちゅう》からせまる魔《ま》の脅威《きょうい》に立《た》ちむかうんだ。

透明《とうめい》なパーツでできているすさまじい炎《ほのお》

ロイドは、ニンジャとしての使命《しめい》に全力《ぜんりょく》をかけていて、自分《じぶん》が存在《そんざい》する理由《りゆう》やパワーの意味《いみ》をけっしてわすれない。グリーン・ニンジャのコスチュームはその決意《けつい》をあらわしたものだ。将《しょう》来《らい》、先生《せんせい》になりたいという目標《もくひょう》を立《た》てており、そのつもりでウー先生《せんせい》にきたえてもらっている。

コール

生《い》きているゴースト

顔《かお》はゴーストと同《おな》じ緑色《みどりいろ》だ

銀色《ぎんいろ》のうではずきんや帯《おび》とおそろい

ニンジャ・ファイル

すき：ジェイをからかうこと
きらい：ゴーストだとばれること
なかよし：まじめなロイド
敵《てき》：ドッグシャンク
特技《とくぎ》：すばやく考《かんが》えること
武器《ぶき》：刀《かたな》、カマ

セット名《めい》：コールのエレメント・ドラゴン、離《はな》れ小島《こじま》 ティガー島《とう》
セット番号《ばんごう》：70599、70604
発売年《はつばいねん》：2016年《ねん》

まめ知識《ちしき》

ゴーストになったコールは、どうやって物《もの》をさわるのか、どうやって壁《かべ》を通《とお》りぬけるのか、研究《けんきゅう》したんだよ。

ゴースト・ドラゴン

ゴーストになっても、コールはすごいぞ。ウー先生《せんせい》の指導《しどう》をもとに大地《だいち》のエレメント・パワーのあやつり方《かた》を身《み》につけて、わんぱくなゴースト・ドラゴンをよびだせるようになったんだ。

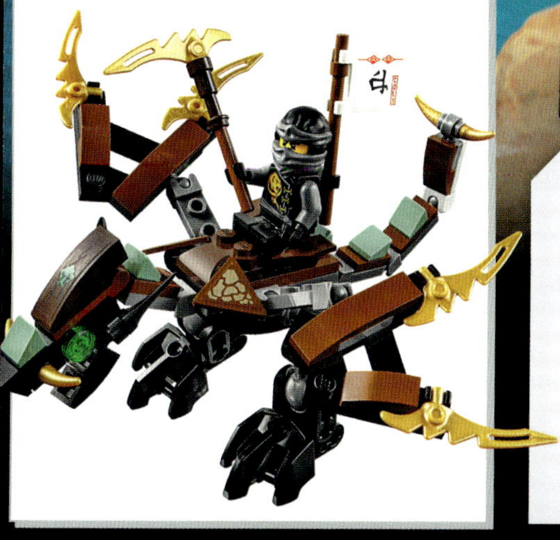

コールはウー先生《せんせい》となかまにささえられ、ゴーストとして生《い》きることを受《う》けいれた。もちろん、かんたんなことではなかったが、コールは真《しん》のニンジャだましいをふるいおこして、絶望《ぜつぼう》やおそれと向《む》きあったのである。こうしてコールは、目《め》の前《まえ》にせまるぶきみな戦《たたか》いに立《た》ちむかう準《じゅん》備《び》ができたのだ。

ゼン

ニンドロイドの戦友《せんゆう》

新《あたら》しいニンドロイドの頭《あたま》のパーツには機械《きかい》の目《め》がついている

新《あたら》しいコスチュームには、ゼンのエレメント・パワーであるアイスをあらわすたつまきがえがかれている

肩《かた》あてはひとつだけだが、戦《たたか》うときは動《うご》きやすいぞ

新《あたら》しいヨロイでも背中《せなか》に2本《ほん》の刀《かたな》をさすことができる

ニンジャ・ファイル

すき：ミンドロイドのチェス
きらい：ゼンのシステムに入《はい》りこんでくるハッカー
なかよし：ジェイ
敵《てき》：気《き》まぐれなローニン
特技《とくぎ》：論理的《ろんりてき》に考《かんが》えること
武器《ぶき》：金色《きんいろ》の刀《かたな》

セット名《めい》：ドゥブルーンのツェッペリン飛行船《ひこうせん》
セット番号《ばんごう》：70603
発売年《はつばいねん》：2016年《ねん》

ニンジャ・ジェットボード
超《ちょう》クールな手裏剣《しゅりけん》スタイルをしたニンジャ・ジェットボード。この操縦《そうじゅう》席《せき》から、ゼンは攻撃《こうげき》をするぜっこうのタイミングをうかがい、敵《てき》にすばやくしのびよるんだ。

ゼンは、ニンドロイドの能力《のうりょく》を全開《ぜんかい》にして戦《たたか》えるように完全《かんぜん》に再起動《さいきどう》された。チームにもどってきたゼンは、ふたたびニンジャの技《わざ》をみがけることがうれしいようだ。ニンドロイドなのでニンジャが有名《ゆうめい》になっても有頂天《うちょうてん》にはならず、それよりは戦略《せんりゃく》を考《かんが》えるほうがすきなのだ。

カイ

超人気《ちょうにんき》アイドル

赤色《あかいろ》と黒色《くろいろ》の2色《しょく》のずきん
3つのとめ具《ぐ》がついている空中戦用《くうちゅうせんよう》の新《あたら》しいコスチューム
ヒモかざりで道《どう》着《ぎ》をとめている

ニンジャ・ファイル

すき：ファンの女《おんな》の子《こ》
きらい：クリプタリアム刑《けい》務所《むしょ》に入《い》れられること
なかよし：コール
敵《てき》：スカーフィー
特技《とくぎ》：策略《さくりゃく》をめぐらすこと
武器《ぶき》：金色《きんいろ》の刀《かたな》

セット名《めい》：ニンジャのパワーバイク、空賊母艦《くうぞくぼかん》ミスフォーチュン号《ごう》
セット番号《ばんごう》：70600、70605
発売年《はつばいねん》：2016年《ねん》

まめ知識《ちしき》

チームが有名《ゆうめい》になって、ニンジャのアクション・フィギュアがニンジャゴーの世界《せかい》でも売《う》られているんだ！

スーパー・バイク

巨大《きょだい》な車輪《しゃりん》のスーパー・バイクは、どんな場所《ばしょ》でも走《はし》れるのでアイドルにぴったりだ！　街《まち》で熱狂的《ねっきょうてき》なファンに手《て》をふるときも、邪悪《じゃあく》な天空《てんくう》の海賊《かいぞく》を追《お》いかけるときも、カイはこのニンジャ・マシンをたくみにあやつるぞ。

カイを見《み》つけるには、ファンのむれをさがそう。その中心《ちゅうしん》には、有名人《ゆうめいじん》になってうれしくてたまらないカイがかならずいる。カイが、持《も》ち前《まえ》の気《き》の短《みじか》さで、歌手《かしゅ》への道《みち》をすぐにあきらめることをいのろう。さもないと、ニンジャという自分《じぶん》のほんとうの仕事《しごと》をわすれてしまいかねないからね！

ジェイ

ヒーロー・ニンジャ

ニンジャ・ファイル

すき：なかまのニンジャを助《たす》けること
きらい：ねがいごと！
なかよし：ゼン
敵《てき》：ナダカーン
特技《とくぎ》：友《とも》だちを救《すく》うこと
武器《ぶき》：金色《きんいろ》の刀《かたな》

セット名《めい》：ジェイのエレメント・ドラゴン、空賊母艦《くうぞくぼかん》ミスフォーチュン号《ごう》
セット番号《ばんごう》：70602、70605
発売年《はつばいねん》：2016 年《ねん》

おなじみのジェイの顔《かお》がずきんの下《した》からのぞいているぞ

なかまのニンジャと同《おな》じく、ジェイも黒《くろ》い道《どう》着《ぎ》と手《て》ぶくろを身《み》につけている

まめ知識《ちしき》

ジェイは自分《じぶん》が養子《ようし》だったことや、実《じつ》の父親《ちちおや》があこがれの有名《ゆうめい》な映画《えいが》スターだったことを知《し》ったんだよ。

ジェイは、ゆたかな発想力《はっそうりょく》で問題《もんだい》を解決《かいけつ》していくのがすきだ。だが、こと恋愛《れんあい》となると、ジェイのどんな発明品《はつめいひん》も胸《むね》のいたみをいやしてはくれない。ニャーから「友《とも》だちでしかいられない」と告《つ》げられてとりみだしたジェイは、邪悪《じゃあく》な魔《ま》神《じん》によこしまなねがいごとをするゆうわくにかられてしまうのだった。

くそっ、ふるえが走《はし》るぜ！

邪悪《じゃあく》なナダカーンとおそろしい天《てん》空《くう》の海賊《かいぞく》の一味《いちみ》に誘拐《ゆうかい》されたとき、ジェイは盗賊《とうぞく》のひとりになりすましてにげだそうとしたが、見《み》つかっていたい目《め》に合《あ》ったんだ。

片目《かため》に眼帯《がんたい》をすれば、ジェイの変《へん》そうは完成《かんせい》だ

ジェイのドラゴン

ハイドロエレクトリック・ドラゴン

ニンジャ・ファイル

すき：ものごとをゴチャゴチャにすること
きらい：天空《てんくう》の海賊《かいぞく》
なかよし：ジェイ、ニャー
敵《てき》：シレーン
特技《とくぎ》：緊急対策《きんきゅうたいさく》を立《た》てること
武器《ぶき》：金色《きんいろ》のサイ

セット名《めい》：ジェイのエレメント・ドラゴン
セット番号《ばんごう》：70602
発売年《はつばいねん》：2016年《ねん》

しっぽとあしと翼《つばさ》はすべてボールジョイントの関《かん》節《せつ》でつながっている
目《め》は透明《とうめい》なオレンジ色《いろ》のパーツでできている

ドラゴンの頭《あたま》
このこわそうなドラゴンは、たくさんのきばのある口《くち》をひらいたりとじたりでき、首《くび》の関節《かんせつ》も動《うご》く。

ジェイのドラゴンは、ジェイとニャーがナダカーンの空賊《くうぞく》母艦《ぼかん》ミスフォーチュン号《ごう》から落《お》ちたとき、ふたりの水《みず》とイナズマのエレメント・パワーが組《く》みあわされたことで生《う》まれた。だからこのドラゴンは、イナズマと水《みず》の両方《りょうほう》のパワーをみなぎらせているのだ。

ニャー

自立《じりつ》したニンジャ

まめ知識《ちしき》
ナダカーンがニャーと結婚《けっこん》しようとしているのは、ねがいごとがいくらでもできるパワーが手《て》に入《はい》るからだ。

ニンジャ・ファイル

すき：チームの一員《いちいん》であること
きらい：まともにとりあってもらえないこと
なかよし：ウー先生《せんせい》
敵《てき》：ドッグシャンク
特技《とくぎ》：天空《てんくう》の海賊《かいぞく》と戦《たたか》うこと
武器《ぶき》：金色《きんいろ》の刀《かたな》

ニャーをあらわす、こい赤色《あかいろ》

水《みず》のエレメントパワーをあらわす新《あたら》しい水色《みずいろ》の紋章《もんしょう》が、道着《どうぎ》にえがかれている

セット名《めい》：ニンジャのパワーバイク、ジェイのエレメント・ドラゴン、離《はな》れ小島《こじま》 ティガー島《とう》
セット番号《ばんごう》：70600、70602、70604
発売年《はつばいねん》：2016 年《ねん》

ミッション・ポッシブル
封印《ふういん》の剣《つるぎ》がなければ、ナダカーンはそれほどこわくはない。ニャーとウー先生《せんせい》がこの剣《けん》をぬすみだせれば、剣《けん》にとじこめられたたましいも救《すく》えるかもしれない。

ニャーは、ウー先生《せんせい》との数《すう》か月《げつ》にわたるきびしい修行《しゅぎょう》のすえ、完全《かんぜん》にウォーター・マスターとして覚醒《かくせい》し、チームの一員《いちいん》となった。それでもニャーは、男《おとこ》の子《こ》ばかりが注目《ちゅうもく》されることにうんざりしており、自分《じぶん》の能力《のうりょく》をちゃんとみとめてほしいと思《おも》っている。ニャーのすすむべきときがきたのだ！

ワルワル・サムライ・ジェイ

この本《ほん》だけの限定《げんてい》コスチューム

頭《あたま》のパーツはダブルフェイスで、キリッとした顔《かお》と、まゆ毛《げ》が八《はち》の字《じ》の顔《かお》のふたつだ

胴体《どうたい》の中央《ちゅうおう》には金属《きんぞく》のヨロイをとめている布《ぬの》のたすきがある

ジェイの肩《かた》の後《うし》ろには2本《ほん》の銀色《ぎんいろ》の刀《かたな》がさしてある

まめ知識《ちしき》

このワルワル・サムライのヨロイがテレビ番組《ばんぐみ》に初登場《はつとうじょう》したのは、シーズン3の「決戦《けっせん》のとき」なんだよ。

ニンジャ・ファイル

すき：マンガを読《よ》むこと
きらい：マンガ店《てん》の定休日《ていきゅうび》
なかよし：ワルワル・サムライのヨロイを身《み》に着《つ》けたニンジャ
敵《てき》：ニンドロイド
特技《とくぎ》：速読《そくどく》
武器《ぶき》：銀色《ぎんいろ》の刀《かたな》

書籍名《しょせきめい》：『レゴ®ニンジャゴー キャラクター大事典《だいじてん》』
発売年《はつばいねん》：2017年《ねん》

スターファーラー

ジェイが一番《いちばん》すきなマンガ『スターファーラー』は、タイルパーツで表現《ひょうげん》されている。ジェイはこのマンガの主人公《しゅじんこう》であるアクション・ヒーローにあこがれており、彼《かれ》から大《おお》きな影響《えいきょう》を受《う》けている。

ワルワル・サムライ・ジェイは、冒険《ぼうけん》にくりだして、大《だい》すきなアクション・ヒーロー、フリッツ・ドネガンばりに戦《たたか》うつもりまんまんだ。このがんじょうな銀色《ぎんいろ》のヨロイを着《き》ていれば、ジェイはどんな敵《てき》にも立《た》ちむかえる。同《おな》じヨロイをまとったロイド、ゼン、カイのミニフィギュアのなかま入《い》りもできるぞ。

ねがいごとは
しんちょうにな
ニンジャども！

ようこそ

ゴーライ王国《おうこく》へ！

ゴーライ王国《おうこく》は、空《そら》にうかぶ島《しま》でできたふしぎな土地《とち》

ねがいをかなえるパワーを持《も》つ魔神《まじん》のふるさと

悪名高《あくめいたか》き魔神《まじん》は、ねがいごとの意味《いみ》をことごとくねじまげる

魔神《まじん》はねがいをかなえるが、同時《どうじ》にほかのものを破壊《はかい》する

ナダカーン

天空《てんくう》の海賊《かいぞく》の船長《せんちょう》

まめ知識《ちしき》

封印《ふういん》の剣《つるぎ》はゴーライ王《おう》国《こく》に伝《つた》わる剣《けん》だ。剣《けん》の中《なか》にたましいをとじこめて、持《も》ち主《ぬし》に力《ちから》をあたえるんだ。

ニンジャ・ファイル

すき：ニンジャゴーの世界《せかい》をバラバラにすること
きらい：父親《ちちおや》を失望《しつぼう》させること
なかよし：天空《てんくう》の海賊《かいぞく》たち
敵《てき》：ニンジャ
特技《とくぎ》：ねがいをかなえること
武器《ぶき》：封印《ふういん》の剣《つるぎ》

セット名《めい》：空賊母艦《くうぞくぼかん》ミスフォーチュン号《ごう》
セット番号《ばんごう》：70605
発売年《はつばいねん》：2016年《ねん》

魔神《まじん》スタイルの髪《かみ》
天空《てんくう》の海賊《かいぞく》をしめすガイコツの紋章《もんしょう》
胴体《どうたい》をふたつつなげている
ヨロイとおそろいのベルト
海賊用《かいぞくよう》のフック状《じょう》の手《て》
透明《とうめい》でオレンジ色《いろ》のしっぽ

すがたを変《か》えるパワー

ナダカーンは、もっと手《て》とスピードがほしいとねがったレッチのねがいごとの意味《いみ》をねじまげ、さるのすがたに変《か》えてしまった。レッチはわなにはめられたのだ。おさるのレッチはナダカーンの船《ふね》、ミスフォーチュン号《ごう》のすべての修理《しゅうり》をやってのける。

ナダカーンはゴーライ王国《おうこく》の王子《おうじ》で、人《ひと》ののぞみをかなえることのできる魔神《まじん》だ。故郷《こきょう》のゴーライ王国《おうこく》が破滅《はめつ》したのはニンジャのせいだと考《かんが》えており、よせあつめの天空《てんくう》の海賊《かいぞく》たちの軍団《ぐんだん》をひきいてニンジャたちに復讐《ふくしゅう》しようとしている。

クランチー

ヘビヘビ族《ぞく》の乗組員《のりくみいん》

ニンジャ・ファイル

すき：甲板《かんぱん》をそうじすること
きらい：高《たか》いところ、海《うみ》
なかよし：さがしている最中《さいちゅう》
敵《てき》：ナダカーン船長《せんちょう》の敵《てき》
特技《とくぎ》：わなをさけること
武器《ぶき》：モップ

セット名《めい》：ドゥブルーンのツェッペリン飛行船《ひこうせん》
セット番号《ばんごう》：70603
発売年《はつばいねん》：2016 年《ねん》

パッドの入《はい》った肩《かた》あて

ヘビヘビ族《ぞく》のヘビの頭《あたま》

天空《てんくう》の海賊《かいぞく》の紋章《もんしょう》が入《はい》ったボロボロのシャツの上《うえ》に、さびたヨロイを着《き》ている

とてもシンプルな木《き》の義足《ぎそく》

まめ知識《ちしき》

クランチーは、船《ふね》にのったり飛行船《ひこうせん》にのったりすると、いつもよってしまうんだ。海賊《かいぞく》には向《む》いてないね。

信用《しんよう》しなくてよかった！

クランチーはそこそこ頭《あたま》が切《き》れるので、ナダカーンをそこまで信用《しんよう》していない。ねがいごともしておらず、そのためクランチーは気《き》づかないうちに命《いのち》びろいをしていたのだ。

クランチーが、どうしてミスフォーチュン号《ごう》の乗組員《のりくみいん》になったのかはだれもわからない。でも、この義足《ぎそく》をつけた神経質《しんけいしつ》なヘビヘビ族《ぞく》は、最悪《さいあく》の仕事《しごと》をさせられているにもかかわらず、天空《てんくう》の海賊《かいぞく》としての生活《せいかつ》に満足《まんぞく》しているようだ。いつもなかまの船員《せんいん》がよごした場所《ばしょ》をそうじしたり、甲板《かんぱん》にモップをかけたりしている。

フリントロック

天空《てんくう》の海賊《かいぞく》の一等航海士《いっとうこうかいし》

飛行用《ひこうよう》ヘルメットの上《うえ》にゴーグルをつけている

取《と》りはずせる太《ふと》い口《くち》ひげのパーツ

2丁《ちょう》のピストルを同時《どうじ》にあやつれる

オレンジ色《いろ》と茶色《ちゃいろ》のちぐはぐなあしは、装甲《そうこう》板《ばん》とストラップとバックルでおおわれている

ニンジャ・ファイル

すき：自分《じぶん》のサメコプター
きらい：秘密《ひみつ》
なかよし：ナダカーン
敵《てき》：ロイド
特技《とくぎ》：乗組員《のりくみいん》が突撃《とつげき》するようにもりあげること
武器《ぶき》：天空《てんくう》の海賊《かいぞく》ピストル

セット名《めい》：天空《てんくう》のサメコプター、空賊母艦《くうぞくぼかん》ミスフォーチュン号《ごう》
セット番号《ばんごう》：70601、70605
発売年《はつばいねん》：2016年《ねん》

まめ知識《ちしき》

フリントロックは、サメコプターっていうミスフォーチュン号《ごう》のジェット偵察機《ていさつき》を操縦《そうじゅう》するんだよ。

天空《てんくう》のサメコプター

フリントロックは、ミスフォーチュン号《ごう》から飛《と》びだしたこの機体《きたい》にのって敵機《てっき》をさがす。そして敵《てっ》機《き》を見《み》つけしだい、いかりの形《かたち》をしたその翼《つばさ》で、敵船《てきせん》のマストやはがねのボディを切《き》りさくのだ。

ダイナマイト投《とう》下装置《かそうち》があるぞ

フリントロックは、たよりになるナダカーンの右《みぎ》うでだ。魔神《まじん》の船長《せんちょう》に忠実《ちゅうじつ》で、どこへでもついていく。もっとも行《い》き先《さき》がわかっていればだけど。しかし、ナダカーンもフリントロックの誠意《せいい》にこたえてくれると期待《きたい》していたとしたら、それは大《おお》まちがいだ。

ドッグシャンク

体《からだ》の大《おお》きな天空《てんくう》の海賊《かいぞく》

角《つの》のあるカブトには、ガイコツの紋章《もんしょう》とマスクがついている。またとげのある肩《かた》あてが、ひとつだけついている

大《おお》きなフィギュアにも武器《ぶき》がつかめる手《て》がある

ニンジャ・ファイル

すき：公平《こうへい》な戦《たたか》い
きらい：フリントロックのジョーク
なかよし：おさるのレッチ
敵《てき》：ニャー
特技《とくぎ》：いかりのついたくさりを乱暴《らんぼう》にふりまわすこと
武器《ぶき》：船《ふね》のいかり

セット名《めい》：離《はな》れ小島《こじま》 ティガー島《とう》
セット番号《ばんごう》：70604
発売年《はつばいねん》：2016 年《ねん》

ティガー島《とう》にて

ドッグシャンクがウォーター・マスターであるニャーに向《む》かって、いかりをふりまわしているぞ。忍《しの》びの技《わざ》を身《み》につけているニャーなら、この大《おお》きなドッグシャンクにたちうちできるだろっか？

ドッグシャンクは、信《しん》じられないかもしれないがかつてはふつうの女性《じょせい》だった。ナダカーンにまちがったねがいごとをしてしまったことで、このすがたと大《おお》きさになってしまったのだ！　昔《むかし》のすがたにはもうもどれず、今《いま》や、ニンジャの危険《きけん》な敵《てき》なのだ。

ドゥブルーン

声《こえ》をうばわれた盗賊《とうぞく》

まめ知識《ちしき》

ドゥブルーンはしゃべることができないんだ。昔《むかし》うそをついてだましたつけを、今《いま》はらっているんだよ。

ニンジャ・ファイル

すき：マスク
きらい：話《はな》すこと
なかよし：スカーフィー
敵《てき》：ジェイ
特技《とくぎ》：スピン術《じゅつ》
武器《ぶき》：天空《てんくう》の海賊《かいぞく》の剣《けん》

セット名《めい》：ドゥブルーンのツェッペリン飛行船《ひこうせん》
セット番号《ばんごう》：70603
発売年《はつばいねん》：2016年《ねん》

てっぺんにくわがたがあるサムライのカブト

ぶきみな長《なが》いきばが、顔《かお》の両側《りょうがわ》へとまがって生《は》えているんだ

赤《あか》いもようが邪悪《じゃあく》な感《かん》じを強《つよ》めている

ドゥブルーンとブッコーとシレーンは、同《おな》じヨロイが胴体《どうたい》にえがかれている

ツェッペリン飛行船《ひこうせん》

ドゥブルーンはツェッペリン飛行船《ひこうせん》の操縦席《そうじゅうせき》にすわって、搭載《とうさい》された大砲《たいほう》を敵《てき》に向《む》けて発射《はっしゃ》する。熱気球《ねつききゅう》によって空《そら》にうかんでいるこの中型《ちゅうがた》飛行船《ひこうせん》は、天空《てんくう》の海賊《かいぞく》がほこるとびきり強《きょう》力《りょく》な武器《ぶき》だ。

ドゥブルーンは、かつてはことばに裏表《うらおもて》のあるどろぼうで、ナダカーンから金《かね》をぬすみとろうとした。そのせいでじっさいに裏《うら》と表《おもて》のふたつの顔《かお》を持《も》つ存在《そんざい》へと永遠《えいえん》に変《か》えられてしまったのだ。ひとつはきばをむきだしにしてニヤリとわらった顔《かお》で、もういっぽうはふきげんなしかめっつらだ。

スカーフィー

くさい天空《てんくう》の海賊《かいぞく》

まめ知識《ちしき》

ナダカーンは、海賊《かいぞく》らしくない名前《なまえ》だと思《おも》って、本名《ほんみょう》のコリンをスカーフィーに変《か》えてしまったんだよ。

ずきんの下《した》から眼帯《がんたい》がのぞいている

めずらしく黄色《きいろ》とオレンジ色《いろ》のべつべつのうでがついている

ほかの乗組員《のりくみいん》よりも古《ふる》ぼけた海賊《かいぞく》コスチュームを着《き》ている

あしの色《いろ》はドゥブルーンやシレーンと同《おな》じで、フリントロックとブッコーのあしの色《いろ》とはぎゃくになっている

ニンジャ・ファイル

すき：こわそうな名前《なまえ》
きらい：乗組員《のりくみいん》の中《なか》でいつまでも新入《しんい》りなこと
なかよし：フリントロック、ドゥブルーン
敵《てき》：カイ
特技《とくぎ》：ニンジャをこまらせること
武器《ぶき》：天空《てんくう》の海賊《かいぞく》の剣《けん》

セット名《めい》：ニンジャのパワーバイク、離《はな》れ小島《こじま》 ティガー島《とう》
セット番号《ばんごう》：70600、70604
発売年《はつばいねん》：2016 年《ねん》

スカイ・フライヤー

すばやい方向転換《ほうこうてんかん》と急降下《きゅうこうか》ができるように設計《せっけい》されたスカイ・フライヤーは、武器《ぶき》も装備《そうび》されているので、大《おお》きな船《ふね》でも打《う》ちおとすことができる。スカーフィーは、ほかの天空の海賊《かいぞく》のフライヤーとチームを組《く》んで、効果的《こうかてき》に敵《てき》を攻撃《こうげき》する。

スカーフィーはおふろに入《はい》らない。知《し》っているかもしれないが、それはほかの天空《てんくう》の海賊《かいぞく》も同《おな》じだ。そんな中《なか》でもスカーフィーは一番《いちばん》くさい。だがスカーフィーはくさいだけではない。ぶしょうひげを生《は》やしたこの新入《しんい》りは、ものすごい剣術《けんじゅつ》を見《み》せる機会《きかい》をつねにうかがっているのだ。なんというおそろしい男《おとこ》だろう。

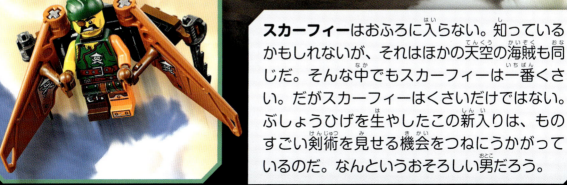

シレーン

歌《うた》う天空《てんくう》の海賊《かいぞく》

ニンジャ・ファイル

すき：はくしゅされること
きらい：歌《うた》う機会《きかい》をのがすこと
なかよし：ブッコー
敵《てき》：コール
特技《とくぎ》：歌《うた》をきかせて人《ひと》びとを放心状態《ほうしんじょうたい》にすること
武器《ぶき》：ノコギリ状《じょう》のソード

セット名《めい》：ジェイのエレメント・ドラゴン
セット番号《ばんごう》：70602
発売年《はつばいねん》：2016年《ねん》

まめ知識《ちしき》

シレーンは武器《ぶき》を持《も》つひつようがない。耳《みみ》につきささるような歌《うた》が武器《ぶき》になるんだ。はやく耳《みみ》をふさごう！

おこった顔《かお》をした頭《あたま》のパーツには、ほくろと眼帯《がんたい》がえがかれている

一般的《いっぱんてき》な２本《ほん》のベルトをしめた海賊《かいぞく》の胴体《どうたい》

海賊用《かいぞくよう》の茶色《ちゃいろ》の手《て》ぶくろ

歌攻撃《うたこうげき》

シレーンは舞台《ぶたい》で歌声《うたごえ》をひろうすることはもうできないが、天空《てんくう》のブラスターから攻撃《こうげき》するときには歌《うた》を武器《ぶき》として使《つか》う。ほんのワンフレーズ歌《うた》うだけで、敵《てき》はやられてしまうんだ。

シレーンもねがいごとの意味《いみ》をねじまげるナダカーンの犠牲者《ぎせいしゃ》だ。世界一《せかいいち》の歌手《かしゅ》になりたかったのに、魔神《まじん》は、人《ひと》びとを放心状態《ほうしんじょうたい》にする声《こえ》をシレーンにあたえたのだ。たしかに世界一《せかいいち》の歌《うた》かもしれないが、歌手《かしゅ》としては人《ひと》びとをよろこばせているとは言《い》えない。

ブッコー

あこがれの天空《てんくう》の海賊《かいぞく》ぐらし

ニンジャ・ファイル

すき：ツェッペリン飛行船《ひこうせん》
きらい：なかまの天空《てんくう》の海賊《かいぞく》からいじめられること
なかよし：ドゥブルーン
敵《てき》：コール
特技《とくぎ》：うなり声《ごえ》を上《あ》げること
武器《ぶき》：封印《ふういん》の剣《つるぎ》

セット名《めい》：コールのエレメント・ドラゴン、空賊母艦《くうぞくぼかん》ミスフォーチュン号《ごう》
セット番号《ばんごう》：70599、70605
発売年《はつばいねん》：2016年《ねん》

スカーフィーのずきんににているが、かぶる角度《かくど》がちがう
左目《ひだりめ》を急《きゅう》ごしらえの眼帯《がんたい》がおおっている
ブッコーがすきなオレンジ色《いろ》！

まめ知識《ちしき》

ブッコーのほんとうの名前《なまえ》はランドンだ。だけどスカーフィーと同《おな》じで、ナダカーンが名前《なまえ》を変《か》えたんだ。

ブレードの戦《たたか》い

ブッコーはどんな武器《ぶき》もよろこんで使《つか》うが、とくに剣《けん》を上手《じょうず》に使《つか》う。ここでは封印《ふういん》の剣《つるぎ》をにぎりしめており、ニンジャはこの武器《ぶき》をうばうために必死《ひっし》で戦《たたか》わねばならない。

白色《しろいろ》と青色《あおいろ》のパーツでできた封印《ふういん》の剣《つるぎ》

ブッコーは、ナダカーンが新《あたら》しくやとった乗組員《のりくみいん》だ。赤《あか》いあごひげを生《は》やしており、とてもたくましい男《おとこ》である。しかも気性《きしょう》がはげしく、おそれをしらない。またブッコーは、ナダカーンのどんな命令《めいれい》にもしたがい、どんなきたない仕事《しごと》でもよろこんでする。まさにナダカーンがもとめているような天空《てんくう》の海賊《かいぞく》なのだ。

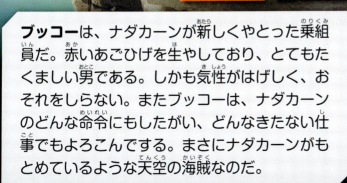

ティガー島《とう》に着《つ》いたら

攻撃《こうげき》してくる敵《てき》を撃退《げきたい》しろ!

毒《どく》グモに気《き》をつけろ!

かくれるためのほら穴《あな》をさがせ!

落《お》ちてくるココナッツに気《き》をつけろ!

クリエーターに聞《き》いてみよう！

『レゴ®ニンジャゴー』の制作《せいさく》チームにインタビューをしたぞ。人気《にんき》のレゴ®ブロックのセットやミニフィギュア、そしてテレビ番組《ばんぐみ》はどのように生《う》まれたのだろうか？　また、みんなの大《だい》すきなニンジャたちには、これからなにが待《ま》ちうけているのだろうか？　チームをひきいる、デザイン・ディレクターのサイモン・ルーカス、モデル・デザイナーのニコラス・ヴァス、くわえてミニフィギュア専門《せんもん》グラフィック・デザイナーのダニエル・マッケンナがその質問《しつもん》に答《こた》える！

サイモン・ルーカスにインタビュー！

サイモン・ルーカスは『レゴ®ニンジャゴー』チームをまとめて、ニンジャゴーの世界《せかい》をつくっているんだ

──『レゴ®ニンジャゴー』チームでのあなたの役割《やくわり》を教《おし》えてください。

わたしは、2012年《ねん》に『レゴ®ニンジャゴー』のクリエイティブ・リーダーになり、今《いま》はデザイン・ディレクターとしてはたらいています。

デザイン・ディレクターの仕事《しごと》は、優秀《ゆうしゅう》なデザイナーたちのリーダーとなって、すべての『レゴ®ニンジャゴー』のセット、ミニフィギュアのキャラクター、テレビ・シリーズ『レゴ®ニンジャゴー』のコンセプトをつくってひとつの世界《せかい》にまとめることです。テレビ番組《ばんぐみ》のストーリーや制作《せいさく》にも深《ふか》くかかわっていますので、わたしの仕事《しごと》は、ブロックの向《む》こう側《がわ》にある『レゴ®ニンジャゴー』の世界《せかい》をつくっているといってもいいでしょう。

──レゴ®ブロックはすきでしたか？

まちがいなくレゴ®ブロックがすきな子《こ》どもでした。1980年代末《ねんだいまつ》の、海賊《かいぞく》のセットと宇宙《うちゅう》のセットが印象《いんしょう》にのこっています。大《おお》きくなったら『レゴ®テクニック』も買《か》いました。そのおかげで機械《きかい》のしくみが学《まな》べたと思《おも》っています。

──『レゴ®ニンジャゴー』のシーズン6で、力《ちから》をそそいだところは？

ニンジャゴーの悪役《あくやく》というのは、かっこよくて、しかもちょっとくせのあるキャラクターなんです。なのでシーズン6では、海賊《かいぞく》という昔《むかし》ながらの悪役《あくやく》をえらびながらも舞台《ぶたい》を空中《くうちゅう》にしました。これによって、ひねりがきいたシーズンになったと思《おも》います。天空《てんくう》の海賊《かいぞく》たちは、悪党《あくとう》でありながらも個性《こせい》ゆたかなすばらしいキャラクターたちです。

──『レゴ®ニンジャゴー』のセットで気《き》に入《い》っているのはどれですか？

「飛行戦艦《ひこうせんかん》ニンジャゴー」と「旋風《せんぷう》の神殿《しんでん》」が気《き》に入《い》っています。とくに「旋風《せんぷう》の神殿《しんでん》」は、いかにもニンジャゴーらしい、きれいな建物《たてもの》ですからね。しかも、これまでに手《て》がけた『レゴ®ニンジャゴー』のセットの中《なか》でも一番大《いちばんおお》きく、また動《うご》く影絵劇場《かげえげきじょう》など、すごい機能《きのう》もそなわっているからです。あと「ゴースト・モロードラゴン」もゴーストのすごみと雰《ふん》囲気《いき》がよく出《で》ていてとてもすばらしいです。ニンジャゴーとしては、新《あたら》しいスタイルのドラゴンですよ。

――『レゴ®ニンジャゴー』で、レゴ®ブロックの新《あたら》しいパーツなどをつくったことはありますか？　たとえば、ゴースト・ニンジャの透明《とうめい》なあしはどうしたのですか？

かんたんそうに思《おも》えるかもしれませんが、ミニフィギュアの透明《とうめい》なあしをつくるのは、じつはむずかしいことなんです。ブロックをつくる機械《きかい》を動《うご》かすとき、機械《きかい》はミニフィギュアの胴体《どうたい》とあしをレーザーで認識《にんしき》しており、ブロックが透明《とうめい》だとレーザーが通《とお》りぬけてしまうので、ミニフィギュアだときちんと認識《にんしき》してくれなかったのです。それでも、やめるわけにはいかなかったんですよ。子《こ》どもたちにゴーストの話《はなし》をきいてみたら、みんなゴーストは透明《とうめい》だと答《こた》えたんですよ。だから、しっかり見《み》えてしまうあしにするわけにはいかなかったんです。なんとか解決《かいけつ》法《ほう》を見《み》つけて、透明《とうめい》な２本《ほん》のあしができたときは感動《かんどう》しました。

また、ゴーストについては、もうひとつチャレンジしたものがありました。ゴースト・ニンジャのずきんは、後《うし》ろから緑《みどり》のゴースト・エネルギーが出《で》ている設定《せってい》なんです。これを表現《ひょうげん》するために、緑色《みどりいろ》のパーツを後《うし》ろにはめてつくりました。

――今後《こんご》の『レゴ®ニンジャゴー』ついて、どのようなものを考《かんが》えていますか？

われわれは『レゴ®ニンジャゴー』のひとつのラインナップを１年半《ねんはん》かけてつくります。そしていつも悪役《あくやく》のミニフィギュアから取《と》りかかります。ニンジャのキャラクターはすでに定《さだ》まっているので、新《あら》たな悪役《あくやく》がとてもだいじだからです。そのときは、まずつくったデザインを子《こ》どもたちに見《み》せて、子《こ》どもたちがなにに興味《きょうみ》を持《も》ち、なにがすきなのか調《しら》べています。だから次《つぎ》もきっとわくわくできるものがたくさんあると思《おも》いますので、できあがるのを楽《たの》しみに待《ま》っていてください！

まだレゴ®ブロックになっていない要素《ようそ》で、デザインしたいものはありますか？

テレビ番組《ばんぐみ》で好評《こうひょう》だったものを、もっと『レゴ®ニンジャゴー』のセットに入《い》れたいと思《おも》っています。たとえば、ニンジャがウー’ｓ《ズ》カフェで着《き》なければならなかった制服《せいふく》などを、全部《ぜんぶ》ミニフィギュアにしたいですね。すべて集《あつ》めることができたら、最高《さいこう》だと思《おも》います。

また、テレビ番組《ばんぐみ》には登場《とうじょう》しているのに、ミニフィギュアになっていないおもしろいわき役《やく》もつくってみたいです。茶店《ちゃみせ》のオーナーであるミスタケやジェイの両親《りょうしん》とかね。

ニコラス・ヴァスとダニエル・マッケンナにインタビュー！①

──『レゴ®ニンジャゴー』における、ふたりの役割《やくわり》を教《おし》えてください。

ニコラス：ぼくは、『レゴ®ニンジャゴー』に登場《とうじょう》する生《い》きものと建物《たても》《の》、メカ、ドラゴン、悪役《あくやく》のアイデアを考《かんが》えて、ブロックで形《かたち》にすることを手伝《てつだ》っています。

ダニエル：ぼくはグラフィック・デザインのリーダーなので、チームのみんなと協力《きょうりょく》しあって、キャラクターとコンセプトをねりあげます。たとえば、ニンジャがゴーストと戦《たたか》うというような新《あたら》しいコンセプトを決《き》めて、次《つぎ》にニンジャの新《あたら》しいコスチュームとストーリーを考《かんが》えるのです。

──レゴ社《しゃ》で働《はたら》くきっかけはなんですか？

ニコラス：ぼくは2014年《ねん》にレゴ社《しゃ》に入社《にゅうしゃ》しました。子《こ》どものころからレゴ®ブロックのセットを組《く》みたてていて、とくに『レゴ®バイオニクル』のシリーズに夢中《むちゅう》になり、それ以来《いらい》、ずっとファンなんです。

ダニエル：まず、レゴランド®に入《はい》って、ミニランドというエリアで大《おお》きな建物《たてもの》などを組《く》みたてていました。その後《ご》、レゴ社《しゃ》にうつりました。生《う》まれてからずっと、レゴ®ブロックを組《く》みたててきたようなもので、1989年《ねん》の『レゴ®スペース・ポリス』の「M-TRON《エムトロン》」が大《だい》すきです。

ニコラス・ヴァスは『レゴ®ニンジャゴー』のモデル・デザイナーだ

――『レゴ®ニンジャゴー』は、ストーリーが大《おお》きな役割《やくわり》をしめています。どのようにして、新《あたら》しくて胸《むね》がおどるストーリーとキャラクターを生《う》みだしているのですか？

ニコラス：まず、悪役《あくやく》について考《かんが》えるんですよ。ニンジャにとって、もっと手《て》ごわくて、なにか印象的《いんしょうてき》なものはないかと考《かんが》えるのです。

ダニエル：とくにむずかしいのは、子《こ》どもたちが大《だい》すきなニンジャの基本《きほん》を守《まも》りながら、なにか新《あたら》しいものをつくりだすことです。たとえば、アナコンドライ族《ぞく》のヨロイは、基本的《きほんてき》なヨロイに革《かわ》や織物《おりもの》の要素《ようそ》をくわえました。また、天空《てんくう》の海賊《かいぞく》の服《ふく》は、スチームパンクっぽさとパイロットっぽさを出《だ》したデザインにしています。

――「シーズン6」では、どんな要素《ようそ》が新《あたら》しいのでしょうか？

ニコラス：これまでまったく登場《とうじょう》していなかったわけではありませんが、『レゴ®ニンジャゴー』のセットではじめて飛行船《ひこうせん》を大《おお》きく取《と》りいれました。飛行機《ひこうき》や飛行船《ひこうせん》、いかりや舵《かじ》といった海《かい》賊《ぞく》の定番《ていばん》パーツを組《く》みあわせるのは楽《たの》しい作業《さぎょう》でしたね。伝統的《でんとうてき》な船《ふね》の要素《ようそ》をたくさん取《と》りいれながらも、それを新《あたら》しくつくりかえたんです。

ダニエル：ぼくたちは、いつも今《いま》まであった要素《ようそ》を再利用《さいりよう》しつつ、そこに新《あたら》しいものをつけくわえようとしています。ドッグシャンクは『レゴ®ニンジャゴー』初《はつ》の大《おお》きなフィギュアです。また、天空《てんくう》の海賊《かいぞく》のミニフィギュアでは剣《けん》をくふうしました。パーツを組《く》みたててできており、海賊《かいぞく》らしく見《み》えるようガイコツのかざりがついています。いっぽうニンジャは、戦闘時《せんとうじ》に楽《らく》に動《うご》くことができるように、肩《かた》あてをかたほうだけにしました。この新《あたら》しいコスチュームで、よりかっこよく見《み》えると思《おも》いますよ！

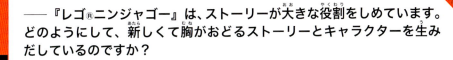

ニコラス・ヴァスとダニエル・マッケンナにインタビュー！②

——『レゴ®ニンジャゴー』で、お気《き》に入《い》りはありますか？

ニコラス：ぼくがすきなのは「旋風《せんぷう》の神殿《しんでん》」です。ぼくたちのチームのエイドリアンが、とことんこった建物《たてもの》をつくってくれたんですよ。あんな大《おお》きなセットにぼくも協力《きょうりょく》できてうれしかったです。しかもこのセットには、ニンジャが６人《にん》ともいっしょに入《はい》っているんですよ。その上《うえ》、めずらしく平和《へいわ》で、みんなが楽《たの》しくくらす、日常《にちじょう》の風景《ふうけい》が表現《ひょうげん》されています。
　また、天空《てんくう》の海賊《かいぞく》のミニフィギュアでは、レゴ®ブロックのさるをロボット風《ふう》にアレンジして復活《ふっかつ》できたのも、楽《たの》しい体験《たいけん》でした。

ダニエル：ぼくはスカイラーのミニフィギュアをつくるのが、一番楽《いちばんたの》しかったですね。ぼくたちがデザインしたニンジャの中《なか》で、スカイラーははじめての女性《じょせい》でした。最初《さいしょ》は、悪者《わるもの》にするかどうかまだ決《き》まっていなかったので、どういう外見《がいけん》にすればいいのか、みんなで頭《あたま》をなやませましたよ。コハク色《いろ》もニンジャの中《なか》にはまだなかった色《いろ》ですからね。

——『レゴ®ニンジャゴー』で、ぜひレゴ®ブロックにしてみたいものはありますか？

ニコラス：テレビ番組《ばんぐみ》の中《なか》には、おもしろい場所《ばしょ》がたくさん出《で》てくるので、どれも再現《さいげん》できたらいいなと思《おも》います。番組《ばんぐみ》に出《で》てくるニンジャの基地《きち》は、かっこいいものばかりですからね。新《あたら》しい場所《ばしょ》をつくりだすのも大《だい》すきですが、なつかしい場所《ばしょ》にもう一度立《いちどた》ちかえるのも楽《たの》しいと思《おも》います。

ダニエル：ぜひ、つくってみたいのは、シーズン３に登場《とうじょう》したふつうの先生《せんせい》のかっこうをしたニャーと、ピンクのコスチュームを着《き》ているゼンです。ロイドがゼンの洗濯物《せんたくもの》にいたずらして、服《ふく》を全部《ぜんぶ》ピンク色《いろ》にそめてしまうんですよね。
　あと、アッシュとかボロボのような、世界《せかい》のあちこちにいるエレメント・マスターたちもいいですね。

ダニエル・マッケンナは『レゴ®ニンジャゴー』チームのグラフィック・デザイナーだ。この写真《しゃしん》では、彼《かれ》がつくった特別付録《とくべつふろく》のジェイのミニフィギュアを持《も》っている

この本《ほん》の特別付録《とくべつふろく》のミニフィギュアは、どうやってえらんだのですか？

ダニエル：特別付録《とくべつふろく》のミニフィギュアは、テレビ番組《ばんぐみ》のすがたとはちょっとちがいます。シーズン３はすでに終《お》わってしまったので、今回《こんかい》がこのヨロイを着《つ》けたジェイをつくるぜっこうの機会《きかい》だと思《おも》いました。基本的《きほんてき》なスタイルは、ロイド、カイ、ゼンのミニフィギュアがまとったワルワル・サムライのヨロイと同《おな》じですが、あしにもデザインを入《い》れています。ニンジャはそれぞれの個性《こせい》をしめすために、ヨロイが少《すこ》しずつちがうんですよ。

　このフィギュアはダブルフェイスになっていて、表情《ひょうじょう》も新《しん》バージョンです。かたほうは自信《じしん》にみちた顔《かお》、もういっぽうはテレビ番組《ばんぐみ》でよく見《み》る心配《しんぱい》そうな顔《かお》です。

サイモン・ルーカスからもちょっとひと言《こと》：ジェイはシーズン６の主人公《しゅじんこう》です。彼《かれ》にスポットライトが当《あ》たり、最終的《さいしゅうてき》にはジェイがみんなを救《すく》うのです。ジェイのミニフィギュアは銀色《ぎんいろ》のワルワル・サムライのヨロイを身《み》につけています。テレビ番組《ばんぐみ》のシーズン３の「決戦《けっせん》のとき」では、ニンジャ全員《ぜんいん》がこの特別《とくべつ》なヨロイを着《き》ていますが、セットでこれを着《き》たミニフィギュアがつくられたのは、ロイドとカイとゼンだけでした。だから、今《いま》こそジェイもつくろうと思《おも》ったんです。

　付属《ふぞく》のタイルのパーツは、ジェイの大《だい》すきなマンガ『スターファーラー』。主人公《しゅじんこう》のフリッツ・ドネガンは、ジェイのあこがれのヒーローです。このマンガはテレビ番組《ばんぐみ》でも、マンガ・ショップの場面《ばめん》で出《で》てきます。ロイドもこのマンガのファンですよ。

セット・ギャラリー

これまでに各《かく》シーズンで制作《せいさく》された『レゴ®ニンジャゴー』のセットを紹介《しょうかい》します。なお、日本《にほん》では発売《はつばい》されていないもの、発売《はつばい》の終了《しゅうりょう》したものもあります。

2254
マウンテン神社《じんじゃ》

2258
ニンジャ・アンブッシュ

2260
アイス・ドラゴン

2259
ホネホネ・モーターバイク

2263
ホネホネ・ドラッグスター

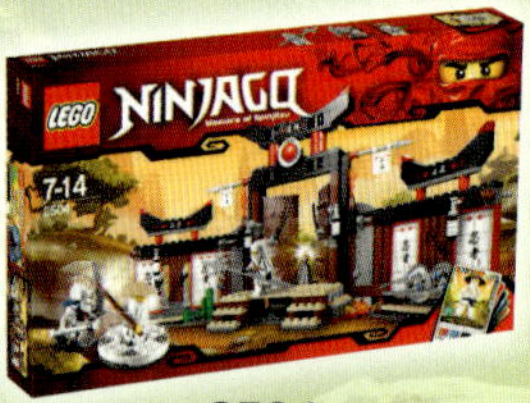

2504
スピン術道場《じゅつどうじょう》

2505
ガーマドンの要《よう》さい

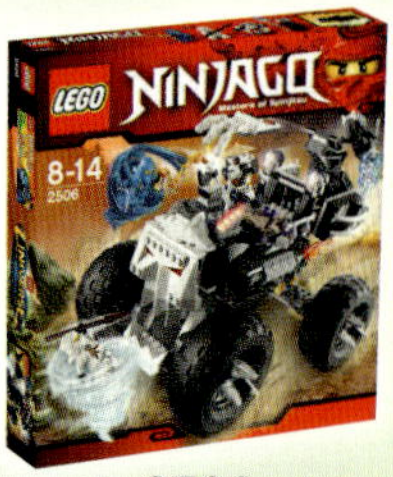

2506
ホネホネ・トラック

2507
ファイヤー神殿《しんでん》

2508
鍛冶職人《かじしょくにん》の小屋《こや》

2509
アース・ドラゴン

2516
ニンジャ・トレーニング

2518
ヌッカルのATV《エーティーブイ》

2519
スケルトン・ボーリング

2520
ニンジャゴー・バトル・アリーナ

2521
ライトニング・ドラゴン・バトル

パイロット・シーズン：ニンジャVS《ブイエス》ホネホネ・アーミー

9440
ベノマリ神社《じんじゃ》

9441
カイのブレード・サイクル

9442
ジェイのストーム・ファイター

9443
ヘビヘビ・コプター

9444
コールのトレッド・アサルト

9445
ヘビヘビ・トラック

9446
飛行戦艦《ひこうせんかん》ニンジャゴー

9447
ラシャのヘビヘビ・サイクル

9448
サムライ・ロボ

9449
ウルトラソニック・レイダー

9450
激闘《げきとう》ドラゴン・バトル

9455
ヘビヘビ・ロボ

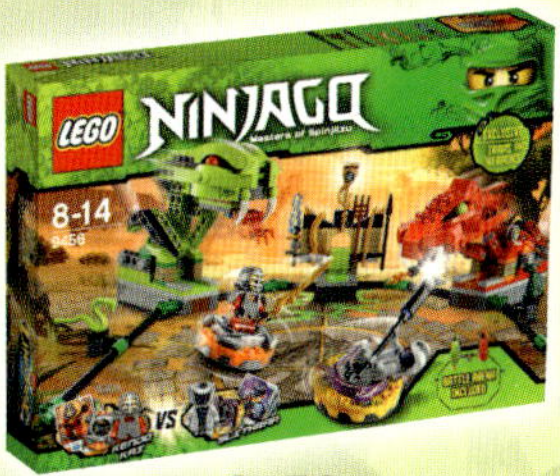

9456
スピナー・バトル

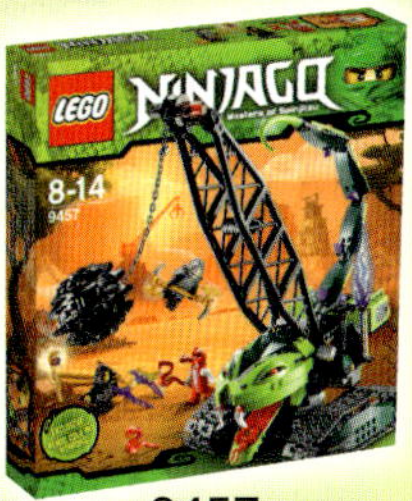

9457
ヘビヘビ鉄球《てっきゅう》クレーン

ウルトラソニック・レイダー（セット番号《ばんごう》 9449）のパイソーから、ニンジャといっしょにファンパイア族《ぞく》の毒《どく》のきばの短剣《たんけん》をうばおう。

シーズン1：ニンジャVS《ブイエス》ヘビヘビ族《ぞく》

70500
カイのファイヤー・ロボ

70501
ワルワル・サムライバイク

70502
コールのアース・ドリラー

70503
黄金《おうごん》ドラゴン

70504
コズ将軍《しょうぐん》のガーマトロン

70505
天空《てんくう》の黄金神殿《おうごんしんでん》

850632
ミニフィグバトルパック

シーズン 2：ニンジャ VS《ブイエス》 ワルワル・サムライ

70720
ホバー・ハンター

70721
カイ・ファイター

70722
オーバー・ボーグの攻撃《こうげき》

70723
サンダー・レーダー

70724
ニンジャコプター

70725
ニンドロイド・メカドラゴン

70726
デストラクトイド

70727
X-1《エックス ワン》 ニンジャ・チャージャー

70728
ニンジャゴー・シティの戦《たたか》い

5002144
ダレス VS《ブイエス》 ニンドロイド

シーズン 3：ニンジャ VS《ブイエス》 オーバー卿《きょう》とニンドロイド

70745
アナコンクラッシャー

70746
アナコン蛇《へび》コプター

70747
リボルバーブラスター

70748
チタニウムドラゴン

70749
アナコン神殿《しんでん》

70750
ニンジャマシン DB《ディービー》 X《エックス》

70752
アナコン・ジャングルトラップ

70753
マグマブリッジ

70754
ニンジャ・バトルウォーカー

70755
ジャングルレーサー

70756
バトル・トーナメント・ドウジョウ

30291
アナコンドライ族《ぞく》のバトルメカ

30292
ジェイのナノメカ

30293
カイの水上《すいじょう》バイク

ニンジャマシン DB《ディービー》 X《エックス》（セット番号《ばんごう》 70750）に入《はい》っている、ニャーのフライヤーでいっしょに戦《たたか》おう。

シーズン 4：ニンジャ VS《ブイエス》 マスター・チェンとアナコンドライ軍《ぐん》

70730
ゴーストバギー

70731
ジェイウォーカー・ワン

70732
スティークス・ゴースト屋敷《やしき》

70733
ダブルブラスターバイク

70734
マスタードラゴン

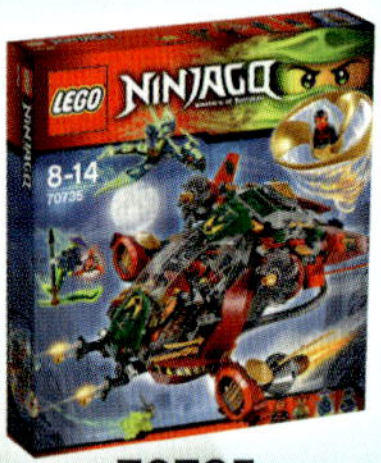

70735
ローニンフライヤー R.E.X.《アール イー エックス》

70736
ゴースト・モロードラゴン

70737
メカバトル：ゴースト VS《ブイエス》 チタン

70738
空中戦艦《くうちゅうせんかん》バウンティ号《ごう》

70751
旋風《せんぷう》の神殿《しんでん》

70739
エアー術《じゅつ》フライヤー カイ式《しき》

70740
エアー術《じゅつ》フライヤー ジェイ式《しき》

70741
エアー術《じゅつ》フライヤー コール式《しき》

70742
エアー術《じゅつ》フライヤー ゼン式《しき》

70743
エアー術《じゅつ》フライヤー モロー式《しき》

70744
エアー術《じゅつ》フライヤー レイス式《しき》

30294
カウラー・ドラゴン

851342
バトルパック

シーズン5：ニンジャVS《ブイエス》ゴースト・ニンジャ

70599
コールのエレメント・ドラゴン

70600
ニンジャのパワーバイク

70601
天空《てんくう》のサメコプター

70602
ジェイのエレメント・ドラゴン

70603
ドゥブルーンのツェッペリン飛行船《ひこうせん》

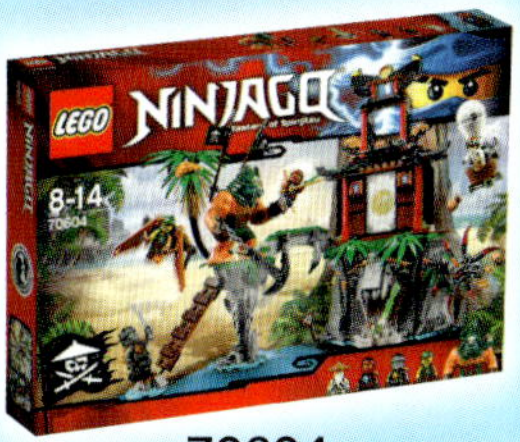

70604
離《はな》れ小島《こじま》 ティガー島《とう》

70605
空賊《くうぞく》母艦《ぼかん》ミスフォーチュン号《ごう》

離《はな》れ小島《こじま》 ティガー島《とう》（セット番号《ばんごう》 70604）に入《はい》っている熱気《ねつき》球《きゅう》で、ウー先生《せんせい》といっしょにニンジャゴーの空《そら》へうかびあがろう。

レゴ®ニンジャゴー　キャラクター大事典
2017年10月　第1刷

著　クレア・シピ
日本語版翻訳　柏野文映
日本語版表紙デザイン　相馬章宏（Concorde graphics）
日本語版本文データ作成　高橋宣壽

発行者　長谷川 均
日本語版編集　齋藤侑太　富川いず美　崎山貴弘
発行所　株式会社ポプラ社
〒160-8565　東京都新宿区大京町22-1
電話　03-3357-2212（営業）　03-3357-2216（編集）
振替　00140-3-149271
ポプラ社ホームページ　www.poplar.co.jp

N.D.C.778　24×19cm　223p
ISBN978-4-591-15483-0

落丁本・乱丁本は送料小社負担にてお取り替えいたします。
小社製作部（電話0120-666-553）宛にご連絡ください。
受付時間は月～金曜日、9:00～17:00（祝祭日はのぞく）

Printed and bound in China